suhrkamp taschenbuch 3996

»Eines Tages«, hat Cees Nooteboom einmal erzählt, »habe ich meinen Rucksack gepackt, Abschied von meiner Mutter und den Zug nach Breda genommen, mich an der belgischen Grenze an den Straßenrand gestellt und den Daumen hochgestreckt. Und ich bin eigentlich nie mehr zurückgekehrt.« Seit dieser ersten Reise ist der große niederländische Autor unterwegs, ist zu jenem Reiseschriftsteller mit überwältigendem Werk geworden, den wir heute kennen.

Der vorliegende Band bietet eine Auswahl seiner besten, zum Teil erstmals veröffentlichten Reisegeschichten aus Afrika. Ein Meister der Nebenrouten, ein Spezialist für die unsichtbaren Gärten jenseits der hohen Mauern, ein Kenner der Räume, die hinter fest verschlossenen Türen warten – Cees Nooteboom führt mit Leidenschaft und Brillanz, sachkundig, leichtfüßig und selbstironisch durch Landschaften und Städte eines Kontinents.

Cees Nooteboom, 1933 in Den Haag geboren, lebt in Amsterdam und auf Menorca. Seine *Gesammelten Werke* liegen im Suhrkamp Verlag vor. Im suhrkamp taschenbuch erschienen zuletzt neben *In der langsamsten Uhr der Welt* die Bände *Leere umkreist von Land. Reisen in Australien* (st 3993), *Eine Karte so groß wie der Kontinent. Reisen in Europa* (st 3994), *Auf der anderen Wange der Erde. Reisen in den Amerikas* (st 3995) und *Geflüster auf Seide gemalt. Reisen in Asien* (st 3997).

Cees Nooteboom
In der langsamsten Uhr der Welt

Reisen in Afrika

Aus dem Niederländischen von
Helga van Beuningen und
Rosemarie Still

Herausgegeben von
Susanne Schaber

Suhrkamp

Umschlagillustration: Jan Vanriet

suhrkamp taschenbuch 3996
Originalausgabe
Erste Auflage 2008
© Suhrkamp Verlag Frankfurt am Main 2008
Quellennachweise am Schluß des Bandes
Suhrkamp Taschenbuch Verlag
Alle Rechte vorbehalten, insbesondere das
der Übersetzung, des öffentlichen Vortrags sowie der Übertragung
durch Rundfunk und Fernsehen, auch einzelner Teile.
Kein Teil des Werkes darf in irgendeiner Form
(durch Fotografie, Mikrofilm oder andere Verfahren)
ohne schriftliche Genehmigung des Verlages reproduziert
oder unter Verwendung elektronischer Systeme
verarbeitet, vervielfältigt oder verbreitet werden.
Druck: Druckhaus Nomos, Sinzheim
Printed in Germany
Umschlag: Göllner, Michels, Zegarzewski
ISBN 978-3-518-45996-6

1 2 3 4 5 6 – 13 12 11 10 09 08

In der langsamsten Uhr der Welt

Hinter den brennenden Mauern
verderben die Stunden
in der langsamsten Uhr der Welt.

Keiner geht über die Erde.
Keiner fliegt durch die Luft.

In einem Feuer geht das Leben vorbei,
so blind wie eine Eule
und so dumm wie ein Huhn.

>Cees Nooteboom,
>Ksar, Jbel Sarhro – Atlas, Sahara

Am Rande der Sahara

Als ich ungefähr sechs Jahre alt war, gab es vor unserem Haus in Rijswijk ein verwildertes Gelände, das ich das »landje«[1] nannte. Es war voller Geheimnisse. Hohe Pflanzen, die mir heute nur bis zur Taille reichen, verliehen ihm den Charakter eines Urwalds, und immer noch sehe ich es vor mir: ein gefährliches Gebiet, das ich mit meinen Ängsten und Phantasien bevölkern konnte.

Inzwischen ist, denke ich, die Welt das »landje« geworden. Die Ängste haben sich mit der Zeit gleichermaßen auf Zuhause und Anderswo verteilt, haben aber einen, sagen wir mal, mechanischen Charakter angenommen. Sie sind also nicht länger interessant, es sei denn als Verschwendung von Energie. Die Hirngespinste und Phantasien werden durch das Reisen angeregt, vor allem dort, wo sich das Sichtbare nicht ganz benennen läßt. Die Aversion, mitten im Unbenennbaren zu leben, hat mich veranlaßt, Sprachen zu lernen. Ich kann mir nicht vorstellen, mich in Spanien oder Peru zu bewegen, ohne mit den Leuten reden, die Zeitung lesen zu können. Selbst dann bleibt noch genug Rätselhaftes. Aber erst später, bei meinen Afrikareisen, und jetzt wieder, bei dieser zweiten Reise entlang dem nördlichen Rand der Sahara, bin ich mir der Erregung des Fremdseins bewußt.

Es ist die gleiche Erregung wie früher, als das »landje« die Welt war: Dinge zu sehen, die man nicht begreift, Zeichen, die man nicht lesen kann, eine Sprache, die man nicht versteht, eine Religion, die man nicht wirklich kennt, eine Landschaft, die einen zurückweist, Lebensweisen, die man nicht teilen könnte. Heute empfinde ich das, merkwürdiges Wort, als Wohltat. Der Schock des völlig Unbekannten ist aus leiser Wollust gemacht. Wenn man nicht teilhaben kann, gibt es vieles, was man zu Hause lassen kann. Die eigenen Masken gelten hier nicht. In den Augen eines Berbers aus Goulimine könnte man genausogut aus Ohio kommen, und das bedeutet: Viele Nuancen, die man sich unter großen Mühen zugelegt hat, werden hinfällig. Damit wird das Reisen zu einer Art angenehmer Leere, einem Zustand der Schwerelosigkeit, in dem man zwar nicht alle Aktualität für sich selbst verliert, aber doch vieles erlassen bekommt – man treibt in fremdem Gebiet, sieht, schaut, sieht, hinterläßt hier und da einen Ritz in der unverletzlichen Oberfläche, verschwindet wieder und kehrt leerer zurück, freilich auch mit Worten.

Dieses Gefühl hat mir früher Spanien vermittelt. Durch das Erlernen der Sprache und ein gewisses Talent für Mimikry hat sich meine Freude an Spanien jedoch in etwas anderes verwandelt: In diesem Land kann ich mich aufführen wie ein Spanier, in das Entzücken eintauchen, vorübergehend ein anderer zu sein, jemand, der auf einer Caféterrasse in Córdoba die örtliche Zeitung liest; auch eine Art Verschwinden, und genau darum geht es ja. So liest man den *Nice-Matin* in Cannes und verflüchtigt sich im Asphalt der Croisette, oder den *Corriere della Sera* und bleibt dreihundert oder sechstausend Jahre auf dem Großen Platz von Catania sitzen.

Marokko ist anders. Es ist eine Steigerung, eine Stufe höher, man wird zwar zum ausländischen Idioten ernannt, doch durch die Gesetze der Gegenseitigkeit komme ich selbst auch nicht weiter und erreiche damit einen Grad an Unsichtbarkeit, in dem das Gesehene selbst wieder verschwindet, denn was ich sehe, das wenige, das ich zu sehen vermag, ist etwas anderes als das, was ich sehe, genausowenig wie das, was ich höre, Mitteilungen sind, es ist nur Sprache, die ich nicht verstehe, obwohl sie genau dafür da ist: um zu verstehen und verstanden zu werden.

Man ist da, und man ist nicht da, und so bin ich – zum zweitenmal – durch Marokko gereist. Eine solche Reise beginnt noch an einem Ort, für den all das eben Gesagte nicht gilt, in einem Hotel aus den Reiseprospekten, das von sich im Hintergrund haltenden schweigenden, effizienten Schweizern betrieben wird, wo die europäischen Körper sich in der heißen Novembersonne aalen, sich in das uneigentlich blaue Wasser des Swimmingpools fallen lassen und als Wesen eines hochmütigen, in sich geschlossenen Luxusclans die Ersparnisse verprassen, bedient von wieselflinken Marokkanern, die, weil es so zweckmäßiger ist, nicht ihre verhüllende Kleidung tragen und wie die fixen mageren spanischen und italienischen Kellner aussehen, die der Hocheuropäer schon früher in seinem eigenen Restaurant zu dulden gelernt hat. Die Kellner wiederum fühlen sich durch diesen atemberaubenden internationalen Kontakt unendlich erhaben über das Dorf, den Stamm, den Kreis, aus dem sie kommen, sie haben den ersten Schritt in das Schattentheater des Fortschritts getan, der Wurm steckt im Apfel, und jedes Land hat das Recht auf seinen eigenen verfaulten Apfel.

Goulimine. Von der Fahrt nach Goulimine, tief im Süden gelegen, sind mir die Jungen mit den Eichhörnchen noch am lebhaftesten in Erinnerung. Plötzlich, in den Hügeln, an einer Straßenbiegung, stehen sie da, ihre Jungenleiber wie etwas völlig Natürliches in die Landschaft geschmiegt, wie etwas, das dort *auch* wächst. Sie halten einen sich bewegenden Gegenstand in die Höhe. Als ich stoppe, sehe ich, daß es ein Eichhörnchen ist, das sie gefangen haben und nun verkaufen wollen. Wie ein arabisches Schriftzeichen aus Pelz hängt das Tier an einem Strick um den Hals in der Luft, den langen Schwanz so dicht wie möglich angezogen, die Augen hin und her flitzend vor Angst. Später, im Atlasgebirge, werde ich Zeuge, wie ein schwer ramponierter deutscher Volkswagen bei ein paar dieser Jungen stoppt. Ein blondes Mädchen steigt aus und geht auf sie zu. Als sie sieht, was sie verkaufen wollen, steht sie einen Moment lang still und beginnt sich dann an die steinerne Bergwand zu übergeben. Die Jungen lachen, weil sie nicht wissen, was sie tun sollen.

Goulimine, Stadt der Blauen Männer. Als ich mich ihr endlich nähere, verspüre ich so etwas wie Aufregung. Warum? Es wird wohl so sein wie Timbuktu, Zagora, Orte, wohin die Männer aus der Wüste kommen, bevor sie wieder in ihr verschwinden. Etwas also, was ich bereits kenne. Ich denke, ein solcher Ort definiert sich durch das Extreme der Landschaft ringsum, durch das ganz Besondere seiner Lebensweise, genauso wie er schon im wörtlichen Sinne ausgesondert ist aus dem ihn umgebenden Nichts. Aber auch hier hat der Tourismus zugeschlagen. Sich an der Ausnahme, dem anderen zu erfreuen, ist nicht länger ein Privileg von Schriftstellern. Zwischen das unvorstellbar Andere und Echte schiebt sich jetzt das vorstellbar Unechte und Schlaffe, amerikanisches Genörgel, Hausiererei mit popeligen Schundobjekten.

Doch der Kamelmarkt selbst ist nicht für uns. Es scheint, als hätten sogar die Wolken den Platz gemieden. Offen, staubig und eigentlich leer liegt er da, bedeckt mit Mist und einzelnen Steinen. Um ihn herum stehen ein paar mißglückte Eukalyptusbäumchen, ein rührender Versuch, der an der heißen Zwei-Uhr-Nachmittags-Sonne abprallt. Brüllende Kamele mit zusammengebundenen Vorder- und Hinterbeinen wechseln den Besitzer, Männer in Dschellabas machen mit Fußtritten und scharfen Wendungen giftige Proberitte auf drahtigen Eseln. Zwei wundervolle schwarze Geheimnisse, gelbe Plastikschuhe unter ihrer Finsternis, bezipfelmützt und verschleiert, sitzen im Staub vor einer Mauer und führen unter all ihren Tüchern ein Gespräch. In einer Ecke wird Getreide verkauft, *wheat furnished by the people of the USA, not to be sold.*

Hinter Goulimine kommt nichts mehr, die rote Straße auf der Karte durchquert ein vollkommen weißes Gebiet nach Tan-Tan, aber Tan-Tan ist noch nichts. Angezogen von der Leere auf der Karte fahre ich diese Straße ein Stück entlang, verlasse sie dann, in die getrocknete Erde hinein, am weißglänzenden Skelett einer Ziege vorbei, und halte an, als eine große Kamelgruppe vollkommen still vorüberzieht. Ich nehme mir vor, einmal so weiterzufahren, von Tan-Tan nach Tarfaya und dann nach Aaiún, in die Spanische Sahara und nach Mauretanien, aber jetzt drehe ich um und fahre zurück nach Norden.

Taroudant. Es ist bereits dunkel, als ich Taroudant erreiche. Meterdicke düstere, abweisende Mauern, in denen die Stadt geborgen liegt. Nicht wie in Avignon, wo die Stadt aus ihren Mauern geplatzt ist und auf der anderen Seite einfach weitergeht – wodurch die Mauern etwas Überflüssiges und damit Lächerliches erhalten; nein, sie wird eindeutig umgrenzt von ihnen, ein Raum für Menschen, ausgespart aus der übrigen Welt, eine feste Burg. Das Hotel ist ein kleiner orientalischer Palast ohne große Zugeständnisse an westlichen Geschmack, mich überkommt ein orientalisches, leicht weihevolles Gefühl, ich gehe etwas langsamer und gleichfalls ein wenig schlurfend und trinke im Mondlicht neben dem gekachelten Teich ein Glas Tee unter den Hibiskussträuchern. Irgendwo aus den Bäumen ruft eine Eule, von der mir jemand erzählt, sie sei weiß, ein wehmütiger Ruf, als müsse sie ihren Eulenkummer an den Mond loswerden.

Am Morgen darauf wird lauter geschrien. Bereits um fünf Uhr setzt das Krähen von Allahs Hahn ein, so durchdringend, daß ich aus dem Schlaf hochschrecke, ein nicht enden wollender Aufruf zum Gebet, eine Stimme, die gemartert und zugleich routiniert klingt mit ihren endlosen schreienden Wendungen. Man kommt nicht darum herum, der Tag hat begonnen, und Allah wünscht, angebetet zu werden. Als der Muezzin nach einer halben Stunde endlich verstummt, versinke ich wieder in undeutlichen Träumen ohne Zeit und Ort.

Der Morgen ist kalt und neblig. Ich gehe hinaus in die Bibel. Was es an Sonne gibt, setzt die ockerfarbene Stadtmauer in Brand, und an ihr gehen die Jungen mit ihren Schafen, mit Reisigbündeln beladene Esel, Berber aus der Umgebung mit Waren für den Markt vorbei. Die Vögel murmeln in den Mandarinenbäumen, skandiert vom Hammer des Kupferschmieds. Männer lassen prüfend Getreide durch die Hand rieseln, Pferde werden beschlagen, eine Frau leckt schnell an frischem Tongeschirr, Kräuter werden wieder und wieder gewogen mit einem Gewicht, leicht wie eine Feder, der Schlangenbeschwörer hat so früh schon sein Publikum, beim Schlachter stehen die Kamelfüße ordentlich in Reih und Glied, *balek! balek!* schreit der Eseltreiber mit seiner Last von großen Brocken glitzerndem Salz, ich sehe die Welt, wie sie nicht mehr ist, Fleisch duftet aus hohen, spitz zulaufenden Tontöpfen in glühender Holzkohle, Frauen in langen schwarzen Gewändern und mit phantastischem Schmuck trennen die Spreu vom Weizen.

Was macht mich hier so glücklich? Vielleicht ist es die Stille, es gibt nur Geräusche von Menschen und Tieren. In einer Ecke des Marktes parken sämtliche Esel. In wenigen Jahren werden es Mopeds sein, noch später Autos. Aber jetzt noch nicht. Vielleicht ist es auch die Sichtbarkeit von allem: wie Dinge hergestellt werden. Schmiede, Gerber, Bäcker, alles schart sich um diesen Markt, Schreiber und Geschichtenerzähler, Bettler und Schlachter, der gesamte Kosmos auf einem Haufen, eine Welt, die in sich geschlossen ist, sich selbst bedient und versorgt, eine Welt im Lot, wie es scheint. Nur mit den Augen und der Stimme schlägt der Geschichtenerzähler einen Bombentrichter der Fiktion mitten in die Menge. Seine Zuhörer sind für die Welt verloren. In ihrer Aufmerksamkeit steckt eine schreckliche Unschuld. Die Stimme des Erzählers plätschert, stockt, jagt, schreit, verebbt wieder, und sie folgen ihr, von nichts abgelenkt. Das nenne ich Schreiben! Ich würde gern in dieser Menge versinken oder vielleicht auch nur dazugehören. Weiter als bis zu einem Glas Krauseminztee komme ich aber nicht. Als ich durch den endlosen Irrgarten der Kasbah zum Stadttor zurückspaziere, höre ich hinter mir noch immer die Trommeln und die hohe mäandernde Flöte des Schlangenbeschwörers.

Taourirt. »Rückkehr an einen Ort, an dem wir früher geweilt haben, ist sehr gut möglich, Rückkehr zu einem Augenblick dagegen, den wir früher erlebt haben, leider nicht.« Das ist der letzte Satz des Buches *Het mysterie tijd* (Das Mysterium Zeit) von Dr. P. J. Zwart. 1960 reiste ich durch Marokko. In Marrakesch fuhr ich mit dem Bus, damals ein äußerst unbequemes Beförderungsmittel, durch den Hohen Atlas über Ouarzazate zum letzten Grenzposten vor Mauretanien, der Oase M'Hamid in der Sahara, wo das Flüßchen Draa unter dem Sand verschwindet und der Sand selbst und ein paar Kamele und sehr wenige Berber sich auf den langen Marsch nach Timbuktu begeben. Es war eine großartige Fahrt durch hohes, wildes Gebirge – heiß, was vor allem unangenehm war, weil der Mann neben mir den ganzen Tag einen Kalbskopf auf dem Schoß hielt, und geheimnisvoll durch die eigenartigen hohen, assyrisch anmutenden roten und ockerfarbenen Forts entlang der Straße, die *ksar* genannt werden.

Damals war ich noch unbelastet von jeglichem Wissen über die Berber, ich schaute nur. Nun, da ich mehr von ihnen weiß, weiß ich wie gewöhnlich weniger – ein geheimnisvolles Volk, dessen Ursprung unbekannt ist, Stämme mit Namen wie Tachelheit und Tamazirt, eine Schrift, Tifinar, geschrieben in einem geheimnisvollen Alphabet, das wahrscheinlich nur Borges lesen kann, und hundert Theorien, woher diese Imasirenen gekommen, wer sie gewesen sind: Gab es sie bereits, als Dido, die Prinzessin von Tyros, nach Nordafrika kam und Karthago gründete? Oder waren es die Gätuler, die Hannibal zu Purpur und Elefanten verhalfen? Oder die Äthiopier, von denen Skylax von Karthago berichtet? Oder die Lixiten von Hamon? Oder waren es, wie Malek Ibn Marahbet sagt, »himyaritische, moderitische, koptische, amalekitische Stämme, die gemeinsam aus Syrien nach Nordafrika wanderten«?

Alt, alt ist das Wort, das sich am stärksten aufdrängt, die Sprache, die Namen, die ungeklärte Geschichte, die Forts, die Wüste, der steinige Boden, die Täler, eine Welt, noch umschlossen von den Eihäuten der Antike und somit von einer fast verbotenen Anziehungskraft, jahrhundertealte, versteinerte Talmudweisheit in den *mellahs*, den jüdischen Vierteln innerhalb der Kasbahmauern, kabbalistische Rätsel, Geschichten, ausschließlich mündlich aus der Bibel überliefert, Fossilien, bestehend aus Sprache, Fossilien aus Gesten, der Stab des Hirten, der Pflug des Bauern, die Stimme des Erzählers, das Feuer des Schmieds, die Gültigkeit der Parabeln.

Ich stehe vor der Kasbah von Taourirt. Dort stand ich schon einmal vor dreizehn Jahren. Damals führte mich ein alter Mann hinein, zeigte mir die Synagoge, eine Lehmhöhle, in der Gold blinkte, zeigte mir an einem Mittag mit bestialischer Sonne einen verborgenen Garten, in dem sich im Wasser leise Schilf bewegte und aberwitzige Frösche quakten. Mit einem Griff riß er Rosen von einem Strauch und zerdrückte die Blütenblätter in meiner Hand. Und als wir aus dem Garten herauskamen, sah ich eine Frau in einem hellfarbenen langen Gewand, schwarzglänzende Augen und eine auf ihre Stirn herabhängende Rose. Jetzt ist nichts mehr da, nur die Erinnerung.

Ich streife durch die verwirrenden Gassen aus Sand, vorbei an endlosen Lehmwänden, die ineinanderfließen, verschwinden, wieder von vorn beginnen, finde den Garten aber nicht mehr. Die Juden sind fort, die Synagoge gibt es nicht mehr, oder man will sie mir nicht zeigen, und wenn ich die Frau gesehen habe, habe ich sie nicht wiedererkannt. Dafür habe ich den Tod gesehen. Irgendwo in einer dunklen Ecke, wo es feucht und klamm ist, liegt eine Stimme aus schmutzigem Staub, denn das ist das einzige, was ich in dieser Dunkelheit sehen kann, ein Mensch, von dem nichts mehr übrig ist als ein Bündel Kleider, es scheint, als könne es kein Kilo wiegen, doch die Stimme klagt und murmelt und weint leise, jemand, etwas, das da im Sterben liegt, etwas Altes und schon fast Verschwundenes, ein unsichtbarer Mund ohne Körper, eine Seele, von Menschen in eine Ecke gelegt. Ich gehe auf sie zu, die Stimme geht über in Gewisper und Geröchel, aber ich sehe noch immer keinen Kopf, und dann kommt eine Frau, die mir bedeutet, wegzugehen, diese Schande darf ein Fremder nicht sehen.

Tinerhir. Taourirt, Tizi'n'Taddeght, Inassine, El-Kelaâ-des-Mgouna, El Goumt, Boumalne, Imiter, so heißen die Orte bis Tinerhir. Die Welt ist wüst und leer, und ich hoffe, daß es so bleibt. In diesen Landschaften gibt es keine Wollust, keine Verlockung, nichts Angenehmes, außer daß ich es angenehm finde, eine Art Exerzitium. Wem begegnet man? Einem Schakal, einem Armeefahrzeug, drei Frauen, gebeugt unter bizarren Schilfbündeln, die sie von nirgendwo geholt haben können – aber sie gehen auch nirgendwohin, also hat alles seine Richtigkeit. Ferner Lastwagen, derentwegen man die schmale Straße in den Schotter hinein verlassen muß, manchmal Gruppen von Männern auf Eseln oder Pferden, und dann plötzlich, in einer Wegbiegung, ein Ziegenhirt – dessen Ziegen allerdings nicht auf der Weide grasen, denn die gibt es nicht, sondern oben und seitlich im Geäst harter, dorniger Bäume. Ich bleibe stehen, und wir betrachten uns gegenseitig. Was für ein Anblick: er mit einem Stock und einem Hund und all seinen Ziegen auf dem Baum, ich auf der leeren Straße in der ansonsten als Mond verkleideten Welt. Langsam kommt er auf mich zu, lacht aus einem Mund mit wenigen Zähnen und sagt etwas, das ich nicht verstehe. Wir rauchen eine Zigarette zusammen, er klopft an mein Auto und sagt »France?« Ich sage »nein, Holland«. Und, o Gott, ungeheure Begierde zuckt über sein Gesicht, als hätte ich gesagt »aus dem Paradies«, und er sagt »moi, Hollande, travail?« Er, mit seinem Stab, seinen Ziegen, seinen langen wettergegerbten Beinen, die im Boden stehen, als wären sie selbst aus Stein. Ich empfinde große Scham und weiß nicht, was ich sagen soll, aber das macht nichts, er versteht mich ohnehin nicht, und so lasse ich ihn allein und fahre weiter, ein rasch entschwindender Abgesandter aus einer begehrenswerten Welt.

Tinerhir. Von der Terrasse des verfallenen Palastes des früheren Paschas von Marrakesch sehe ich, wie sich das Ende des Tages ringförmig um das Ende des Marktes schließt. Unten, auf dem großen, offenen, staubigen Platz, stehen die weißen Zelte. Überall Feuer. Männer in langen weißen und braunen Dschellabas stehen in großen Kreisen um Geschichtenerzähler herum, auf den freien Flächen zwischen den Kreisen Pferde und Esel, und am Rande dieses Kosmos die großen Lastwagen, welche die Berber gleich wieder in ihre verlorenen, fernen Dörfer hoch oben im versteinerten Atlas bringen werden, über dem sich der Mond jetzt wie ein Spiegel erhebt. Ich gehe hinunter. In der Oase ist es still. Trommeln in der Ferne und hier Gemurmel von Wasser, Palmengeraschel. Die Romantik ist fast unerträglich, weißes Mondlicht auf den ockerfarbenen Lehmruinen, und dann auf einem Friedhof, umgepflügter Acker des Todes, nur Scherben, die aus der Erde ragen und je einen namenlosen Toten benennen. Ich komme mir vor wie Novalis, wie ich da in der hereinbrechenden Nacht und dem Mondlicht herumgeistere. Es wird kalt, man hat das Gefühl, als schöben die Berge ihre eigene kalte, steinerne Luft vor sich her, hinein in die wollüstige, samtene, dunkle, volle, linde Oase.

Auf dem Markt sitzen die Männer an ihren Feuern, rauchen und reden. Der Schmied, in seinem dunklen Loch hockend, schaut wie ein böser Geist mit sprühenden Augen. Die Funken fliegen ihm um die Ohren, die Engel von Jan Hanlo[2] schwirren auf dem Sandweg hin und her und rufen, halb verlegen, halb herausfordernd, »bonsoir«, die Petroleumlampen in den kleinen Läden werden höher gedreht, ein Mann hebt zwei Kamelfüße hoch, prüft sie im schwachen Licht und legt sie wieder hin, ein enthäuteter Rinderkopf wird in zwei Teile gespalten, die Augen, dunkel und ernst, sitzen noch drin und schauen fast so traurig wie die des Königs, obwohl der nicht traurig ist, sondern rachsüchtig und hart.

Es wird früh Nacht. Im Hotel sind fast keine Gäste.

Ich bekomme eine *tajine*, ein Gericht in einem Tontopf, Reis mit einer Taube und ein paar gekochten Pflaumen. Es ist neun Uhr, der Diener will nach Hause, eine halbe Stunde später ist alles kühl und verlassen und totenstill, von meinem Zimmer aus sehe ich zwei gelbe Lichter einsam durch das Tal ziehen – außerhalb der Oase, weiß ich, beginnt das kahle Nichts, ich sehe den Schemen und seinen Schatten, es scheint, als schneite das Licht über der Ebene des Draa, selbst ebenfalls ein Mond.

Marrakesch. Ein grauenvolles Detail aus dem wunderbaren kleinen Buch von Elias Canetti über Marrakesch ist die Beschreibung seines Besuchs auf dem Friedhof des *mellah*, des Judenviertels. Er wird buchstäblich in die Ecke gedrückt und verfolgt von einer bösartigen Menge aus Krüppeln, Blinden, Irren – eine apokalyptische Schar mit ausgestreckten Händen, ein Bettlervolk wie bei Hieronymus Bosch.
Zehn Jahre später sind sie immer noch da, aber sie verhalten sich mucksmäuschenstill. Sie sitzen wie eine geschlagene Sammlung am Eingang und betteln nicht. Der Friedhof selbst ist eine weite Schlachtordnung weißer Sarkophage, ein großes weißes steinernes Feld, umschlossen von einer Mauer, und an seinem Ende die großen schwelgenden Bonbonnieren der Reichen.
Als ich etwa in der Mitte bin, kommt mir ein Mann schreiend entgegen. Ich verstehe ihn nicht, begreife

aber: Er will, daß ich weggehe. Das will nun ich nicht, denn seit ich Canetti gelesen habe, will ich diesen Friedhof unbedingt sehen. Der Mann schreit und droht, und so beginne ich eben auch zu schreien, zwei ungefährliche Irre, die sich zur heißen Mittagsstunde gegenüberstehen, quakende Enten auf dem Teich des Todes. Das dauert so lange, bis sein Sohn kommt, sagt, daß der Vater verrückt sei, ihn schimpft und wegführt. Dann bin ich allein, bis der Sohn wieder zurückkehrt und sagt, er und sein Vater seien praktisch die einzigen, die sich noch um die Gräber kümmerten, seit so viele Juden weggezogen seien.

Ich lese die Namen, er zeigt auf die Gräber der großen Rabbiner, hohe gemeißelte Ungetüme, bereit, gen Himmel zu fahren. Es ist sehr still. Winkend lotst er mich mit zu einem niedrigen Gebäude, wo ein kleiner, merkwürdiger Mann in rituellem Gewand, halb blind, mich betastet und etwas fragt. Ob ich Kinder hätte, sagt mein Führer. »Nein.« Ein enttäuschter Blick tritt in die leeren Augen. Er will mir seine Hand auf den Kopf legen, Kerzen werden angezündet, ich muß mich bücken, plötzlich läuft er über von Zauberformeln, sie sprudeln aus ihm heraus und über mich hinweg, endlich nehme ich wieder teil an einem Ritus, welcher Art er auch sein mag. Ich werfe etwas Geld in einen emporgehobenen Kupfertopf, werde noch ein paarmal betätschelt und gehe, solchermaßen gesegnet, wieder in das *mellah* hinein.

Marrakesch ist keine Stadt, es ist ein unabhängiger Planet, von einem göttlichen Zufall wie eine rote Hure, so hat es ein Freund einmal ausgedrückt, an die ersten Hügel des Atlas geworfen, der in der Ferne mit seinen hohen verschneiten Gipfeln leuchtet. Es ist eine Stadt, über die man in einem Buch lesen kann, für das man Jahre braucht. Am besten taucht man einfach in sie ein, läßt sich durch alle Falltüren ihrer wilden, verwirrenden Geschichte fallen und an der Hand zu den Gräbern der Dynastien mitziehen, Saadier, Almoraviden, Alouiten, sieht ein, daß man von der Geschichte Marokkos nichts weiß, und vergißt dann alle diesbezüglichen Schuldgefühle in dem ewig dauernden Trubel des Djemaa el-Fna[3], indem man sich zu den Menschen unter die Karbidlampen des großen Platzes setzt, wo man für wenige Dinar zusammen mit dem Volk essen und Nabelschau betreiben kann, bis man Ordnung in das Innere seines Schädels gebracht hat. Das Leben und der Tod, das sind Brüder, sagt der weißpantofflige Wächter der Medersa ben Yussef und streichelt mit seinen langen braunen Händen über den Marmor der heraldischen Adler auf einer Art Taufbecken, angefertigt von – und preziös spricht er die einzelnen Namen des Namens aus – Abd el Malek Ben El Mansur Abi Amir im 10. Jahrhundert. Wir gehen zusammen durch die Medersa, werden aus einem düsteren Gang plötzlich auf einen Innenhof gestoßen, auf den das Licht vom Himmel regnet. Alles ist Verzierung, Überfülle, Zierschrift,

Ornament. Ich frage ihn, was die Buchstaben bedeuten, die mäandernd über die rosa Steine kriechen, und er sagt, was da stehe, stamme aus dem Koran und sei eine Passage über den Tod, und während er meine Hand hält und seine großen schwarzen Augen mit großer Intensität auf mich richtet, sagt er es, leichthin, aber doch: »Das Leben und der Tod, das sind Brüder. C'est juste, le Koran, non?«
»Oui, c'est juste.« Und er überläßt mich wieder dem steinernen Gespinst.

1973

1 *landje*: auf deutsch »Ländchen« oder auch »Brachfeld«.
2 Jan Hanlo (1912-1969): niederländischer Dichter.
3 Djemaa el-Fna: »Platz der Geköpften« auf arabisch, riesiger zentraler Platz in Marrakesch, traditioneller Versammlungsort für Karawanen aus Zentralafrika, orientalische Händler, Berber, Araber, europäische Reisende; seit jeher ein Ort der Geselligkeit und Unterhaltung, zu der lange Zeit auch öffentliche Enthauptungen zählten.

Dahinter hört die Welt auf...

Freitags reitet der Sultan aus

Tanger. Das Gepäck ist auf dem Dach, unter der Plane, und wir sitzen auf unseren numerierten Plätzen, Europäer und Marokkaner gleichermaßen, kauen saure Drops, lesen *Le Petit Marocain* und verstellen unsere Sessel von »Sitzen« zu »bequem Sitzen«.
Der Fahrer der CTM, der marokkanischen Busgesellschaft, schwingt sich hinter sein Lenkrad, mustert uns, denkt sich etwas und fährt los. Links und rechts eine freundliche grüne Landschaft, ein Ochse, ein Haus, ein Mann, ein Hügel, eine Wolke, ein Baum, und so geht es weiter bis Kenitra, eine lange, lange Fahrt mit häufigen Stopps, einmal (alle Koffer wieder herunter) wegen der inzwischen wieder verschwundenen internationalen Zone, was immer das war, und viele Male wegen der Polizei, die große Holzdinger mit langen Nägeln quer über die Straße gelegt hat für den Fall, daß wir doch weiterfahren wollten. Das tun wir nicht. Strenge Polizisten oder Soldaten, ich weiß es nicht, betreten den Autobus, automatische Gewehre um den Hals. Sorgfältig betrachten sie jedes marokkanische Gesicht. Vor einer Woche habe ich die Pariser Polizei das gleiche tun sehen, beäugen und verhaften, doch hier geht es um Nordafrikaner,

die andere Nordafrikaner festnehmen. Die wenigen Europäer werden in Ruhe gelassen und tun so, als sei das alles völlig normal, nur der Fahrer beginnt bei jeder neu auftauchenden Sperre gewaltig zu schimpfen, einigermaßen nachvollziehbar, denn es sind ziemlich viele. Auf meine Frage, was das zu bedeuten habe, bekomme ich genug Antworten zur Auswahl: Attentat auf den Prinzen, Mulai Hassan, die Rebellion eines *kaïd* (Stammesführers) in den Bergen, alles schwierige Angelegenheiten mit dem Unterton: nicht einmischen, ruhig verhalten.[1]

Kenitra, das frühere Port Lyautey, weiße Anzüge, große Schnäuzer, Tropenhelme. Viele Amerikaner. Oder, wie mein Regierungsreiseführer es nicht mehr zeitgemäß ausdrückt: »Moroccans drinking mint tea, Europeans sipping Cinzano, Americans slugging bourbon!« Und philosophisch folgt dann: »Despite what anyone tells you – let's face it – the most important thing about Kenitra is the U. S. Navy (...), and don't let anyone tell you anything different!« Das tut folglich auch niemand. In allen Straßencafés, an allen Straßenecken, Verkehrsinseln, auf Friseurstühlen, Autositzen, Dächern, Fahrrädern, Ästen, Schaukeln, Treppenstufen, Barhockern, Nachttischen und Fußenden sitzen Amerikaner, freundliche Jungs, die sich zurückhalten und denen es hier sichtlich nicht gefällt. Ein wenig traurig gehen sie durch die Straßen, während sie an Olive Branch, Mississippi, Phoenix, Arizona, New York, N.Y., denken und verstohlene

Blicke auf all die uneinnehmbaren Schleier werfen. Kenitra ist klein, Marokko ist fremd, die Zeit wiegt schwer.

Die Nacht verbringe ich in Zimmer achtundfünfzig des Hôtel de la Rotonde, einer verwahrlosten Laube in diesem Hintergarten von Fontainebleau, doch der kühle Morgen findet mich frohgemut beim Frühstück unter den Palmen, innerhalb des Aktionsradius der Jukebox. Freitag ist es, die Sonne scheint, gleich fährt der Bus nach Rabat, und freitags reitet in Rabat der Sultan aus, auf seinem Pferd.

Rabat ist eine weiße Stadt, weitläufig und ein wenig vornehm, breite Straßen mit Palmen, Botschaften und Ministerien. Ich nehme ein *petit taxi*, eine marokkanische Erfindung, die Nachahmung verdient: kleine Renaults und Morris Minor, billiger als große Taxis und besonders geeignet für die Beförderung von ein oder zwei Personen. Der Fahrer trägt eine kecke Mütze und bugsiert sein kleines Auto mit leidenschaftlichen Schlenkern durch den Verkehr, hauptsächlich Fußgänger, die in dicken Trauben zum Palast spazieren. Polizei hält uns an, wir dürfen nicht weiter.

Ich will aussteigen, doch der Fahrer will mich unbedingt zu einem Tor bringen, das »viel näher liegt«. Entlang der Straße wird es immer voller, und aus der Menge brodeln fröhliche Laute auf: Schwatzen, das Rufen von Verkäufern, große Erwartungen. Schließlich lande ich auf einem Hügel, von dem aus ich sowohl die Moschee als auch den Palast sehen kann. Unten, auf dem Platz, sitzen Hunderte von Frauen und Kindern, geduldig wartend, überall, wo Menschen sind, stehen auch Soldaten. Ein kleiner Raum genau unter mir ist für Touristen reserviert, und da stehen sie also: Fotoapparate, mit einemmal komische Kleidung, weiße Gesichter mit Brillen, und zehnmal sowenig Geduld wie die Marokkaner, die zum Teil von ich weiß nicht wie weit gekommen sind, um ihren König zu sehen.

Die Soldaten direkt vor mir haben eine imaginäre Linie gezogen, und jedesmal, wenn ein kleines Kind, dem die mathematische Begabung fehlt, sich an dieser imaginären Linie zu stoßen, sie überschreitet, folgt die Strafe. Weinen. Mohammed, hörst du nicht, was der Soldat sagt? Die Mütter, die sich auch nicht zu helfen wissen, lassen ihre Kinder unter allen möglichen Tüchern verschwinden oder kaufen Sonnenblumenkerne für sie oder einen Schluck Wasser aus dem Kupfergefäß eines klirrenden, von Kopf bis Fuß bimmelnden Wasserverkäufers. Die Zeit wird lang, die Sonne hockt mit ihrem ganzen Gewicht auf unseren Köpfen, das grelle Licht schmerzt. Der Platz unter mir füllt sich, bis er ein buntes, ungeordnetes Blumenfeld aus Weiß und Blau und Gelb ist, und ja, da kommt die Musik, ein langsam schreitendes Concertgebouw-Orchester in weiten roten Hosen, die unten an den Knöcheln mit vielen kleinen Knöpfen zugeknöpft sind, in Jacken, die weißer sind als alle anderen Jacken, und mit klatschmohnroten Fezen. Vorneweg geht ein Riese von einem Schwarzen, und hinter der Musik marschieren die Schützen, und hinter den Schützen kommt die prächtige Kavallerie, stolze Männer auf hohen, stolzen Pferden, die Lanzen hoch aufgerichtet.

Dieses ganze Volk von Farben, Kriegern und Musikanten zieht zum Palast und verteilt sich dort gemäß den Regeln, die Musik hier, die Soldaten da und die Reiter in sorgfältig abgemessenen Abständen entlang der Strecke, vor den Menschen. Es wird wieder still, ein schwarzer Mercedes fährt übertrieben geschäftig hin und her, die Sonne wiegt schwerer und schwerer, die Reiter sitzen hoch auf ihren Pferden, eine halbe Stunde, eine Stunde, unbeweglich, die Lanzen stets aufgerichtet.

Dann ist es soweit. Das Palasttor öffnet sich, und heraus kommt eine große Gruppe von Männern in prächtigen weißen Kleidern, und dahinter die Kutsche, in der der Sultan, Sidi Mohammed V., ernst dreinschauend und winkend zur Moschee fährt. Die Menge schreit augenblicklich los, ein hohes, gurgelndes Geräusch, das ein wenig den Kriegsschreien der Indianer in Cowboyfilmen ähnelt.

Es ist etwas beängstigend und fremdartig, so wie alles fremdartig ist, die Reiter mit ihren Lanzen, die große Gruppe der Edlen in weißen Dschellabas und mit Schwertern und das gedehnte, lange Singen des Sultans in der Moschee kurz darauf. Weithin schallt es über den Platz aus der Lautsprecheranlage, die oben am Turm befestigt ist, graue, von den Niederlanden gelieferte Flüstertüten. Das Volk ist jetzt aufgeregt, es lacht und klatscht in die Hände. Die Kinder starren mit großen Augen auf die Kutsche und die Pferde, die Schwerter und Uniformen.

Der drollige Fremde, der ich bin, rennt durch die Hitze von den Hügeln zu einem Platz näher bei der Moschee, gerade rechtzeitig, um den Sultan wieder herauskommen zu sehen. Hier stehen viel mehr Menschen, und das Geschrei ist ohrenbetäubend. Ein Reitknecht führt einen aufgezäumten Schimmel zum König, der sich mit seinen weiten Kleidern in den Sattel schwingt und wegreitet. Er lacht nicht, nickt ernst. Die Edlen, Priester, Höflinge, Statthalter, Stammesoberhäupter, Kalifen, die vor ihm her gehen, reden leise miteinander, dahinter kommt hoch und weiß das Pferd, umschwärmt von Männern, die Insignien tragen und einen hohen violetten Sonnenschirm über den Kopf des Königs halten.

Amerikaner und Deutsche drängen sich, soweit es geht, mit ihren Kameras nach vorn, begierig grabschen sie sich die Bilder aus der Luft, Wüstenscheichs, Berbergesichter, Negersoldaten, verschleierte Frauen, Wasserverkäufer, alles verschwindet in ihren surrenden Kästen, die es später wieder surrend an die Wand ihrer fernen Wohnzimmer projizieren werden: das unberührbar Andere, das man anstarren kann, aber nicht anfassen, dem man lauschen kann, ohne je dazuzugehören.

Die Menge erhebt sich, träge und zufrieden, und macht sich ohne Eile auf den Weg zurück in die Stadt oder in die heimatlichen Dörfer. Glänzende schwarze Autos schießen wie Fische hindurch, auf den Rücksitzen geheimnisvolle weiße Schatten.

Woran denken sie? An den König? An den Prinzen? An Essen, eine Frau, einen Feind, Ferhat Abbas, den russischen Gesandten, Kamele, Patrice Lumumba, Geld, Volk, Ghana?[2] Ich weiß es nicht. Ich gehe, soweit möglich, unter den fremdartigen Bäumen und denke, daß es sehr weit ist zu der Welt, aus der ich komme.

9. Juli 1960

---

1 Mulai Hassan, Hassan II. (1929-1999): wird nach dem Tod seines Vaters Mohammed V. am 26. 2. 1961 König von Marokko; als Oberbefehlshaber der Armee seit 1956 schlägt er mehrere Berber-Aufstände nieder.

2 Ferhat Abbas (1899-1985): algerischer Politiker, 1959-1961 Präsident der Provisorischen Regierung der Republik Algerien (GPRA), 1962-1963 Präsident der Nationalversammlung.

Patrice Lumumba (1925-1961): kongolesischer Politiker, 1960 erster Ministerpräsident der kongolesischen Zentralregierung, wird nach drei Monaten jedoch abgesetzt, verschleppt und 1961 ermordet.

Ghana, seit dem 6. 3. 1957 als erstes schwarzafrikanisches Land unabhängig, war soeben, am 1. 7. 1960, zur Republik erklärt worden.

Die gespaltene Stadt

Casablanca:
Zwischen Place de France und Medina

Von meinem schlammgelben Hotel in Casablanca kann ich bestens beobachten, was im lilienweißen Hotel gegenüber vor sich geht. Oben ist es festgemauert im Himmel, dann kommen viele Erdschichten Schlafräume für reiche Leute, und schließlich hat es auch noch Füße, breite, marmorne, hohe Spesenrechnungen repräsentierende Füße mit vornehmen Portiers und ihren Vasallen: Kofferträgern, Türöffnern, die genau wissen, wo der Türgriff eines Mercedes sitzt, Wegweisern. Auf dem großen Boulevard, den ich ebenfalls sehen kann, ist es ruhig.

Es ist Sonntag, auf der Stadt liegt ein schönes, weißes Licht, ich gehe hinaus. In einem kleinen, schimmernden Café (Alkoholausschank an Muslime verboten, *dahir* Nr. soundsoviel 1936)[1] bin ich der einzige Besucher. Ich stecke meinen Obolus in die Musikbox. Der Barmann schiebt mir ein Stück Zeitung zu. Ich lese alles über die Pferderennen des heutigen Nachmittags, über den Wettkampf ASS-HASS und NCCO-MSR in der *division nationale*. Danach tauschen wir, er bekommt Sport, ich Ausland. Ich sehe es mit geschlossenen Augen: Wo immer ich auch bin, es läuft nicht gut mit der Welt. Ich nehme einen Kaffee mit Rum, sehe die Fotos amerikanischer und russischer Köpfe, die die Welt aufgeteilt haben, und dann spaziere ich zur Bushaltestelle auf der Place de France (Place Mohammed V.), doch vor dem Bus zum Strand steht eine Schlange, die sämtliche Stadtbusse bis Sonnenuntergang füllen kann. Ein kleines Taxi fährt mich durch eine gezähmte Landschaft von Gärten und Villen zum Meer ohne Menschen.

Zwischen dem Strand und dem Meer stehen Felsen, und an diesen Felsen ist das Wasser wild, geschwommen wird nur in Schwimmbecken am Strand, eisblauen Tümpeln zwischen lauen Sandflächen, Pseudohütten, Fächerpalmen, Schaukeln: kleine melanesische Vergnügungsdörfer, die Tahiti oder Kontiki heißen. Zwischen dem Boulevard und dem Strand gibt es nur eine Treppe – und Leute, die mangels Geld diese Treppe nicht hinuntergehen.

Unten im weichen Sand Mädchen in knappsten Bikinis, junge Männer mit vollkornbrauner Haut, prächtigen Sonnenmützen aus der *Elle* und Chestèr-Schachteln. Man liegt wild entschlossen oder saft- und kraftlos herum, das heißt: in der Sonne oder im Schatten, von Zeit zu Zeit fällt einer dieser schönen Körper ins schöne Wasser. Auf das Zeitbild abgestimmte Musik. Geraschel dieser oder jener Art, Düfte von Meerwasser, Chlor und Ambre Solaire, Werbung pur, die Welt als Modell.

Oben ist es wieder ganz anders. An jedem Geländer

hängt eine große Traube Zuschauer und schaut. In einem Land, in dem alle Frauen verschleiert gehen mit Ausnahme jüdischer Mädchen, der letzten Französinnen, ausländischer Touristinnen und der vereinzelten fortschrittlichen Marokkanerin, ist ein Feld voller Bikinis ein seltener Anblick, etwas, das man sich lange ansieht. Die anonymen Körper unten kümmern sich wenig darum. Sie sind zufrieden, werfen ab und an einen Ball, kühlen sich im Pool ab, rauchen und trinken.
Schlaff liege ich im Sand und lasse meinen Blick ruhen. Links der Ozean, der zu dieser Stunde aussieht wie ein Mann mittleren Alters. Rechts auf Fließbändern aus Asphalt die trägen Autos. Die Straßencafés entlang dem Boulevard voller Menschen. Musik. Erdnußverkauf. Mandelverkauf. Frieden. Sonntag.
Zufrieden setze auch ich mich an das Lenkrad eines beschlagenen Martinis, drücke auf die Olive und lande vor meinem schlammgelben Hotel. Gegenüber schauen die tausend Portiers des teuren Hotels mißbilligend zu, wie ich ganz ohne Hilfe das Taxi verlasse und, mein Handtuch selbst tragend, hineingehe, wo niemand mich erwartet, ein armer Herr.
Zwei Stunden entziehe ich der Zeitrechnung und mache einen kurzen Umweg durch das Nichts. Wach geworden, gegessen, hinaus, die Straßen sind breit und kühl, Neonlicht, die Palmen abends schöner, ich setze

mich in ein Straßencafé und gebe mich dem Schauen hin. Amerikanische Autos.

Casablanca ist eine gespaltene Stadt. Das Café liegt im Schatten hoher Gebäude, hundert Schritte weiter steht man mitten in der Medina.

Ich erhebe mich, gehe hundert Schritte, sehe mich um. Hinter mir liegt die moderne Stadt, zu der ich nun schon nicht mehr gehöre. Ich stehe in einer engen, gewundenen Straße, in einem Fluß aus Lauten, einem Schrank voll Farben, in einem fremden Haus. Dies ist der Souk: kleine Läden für alles, Schuhe, Nylonhemden, gebratenes Lammfleisch, Stoffe mit knalligen Farben, trockene braune und schwarze Kräuter, Tontöpfe, grüne Teller, getrocknete Datteln, heilkräftige Wurzeln, Lederwaren, getriebenes Kupfer, seltsame Bilder von Königen und Rittern, geröstete Samen, Dschellabas. Es riecht nach tausend Dingen, aber ich weiß nicht, ob es die tausend sind, die ich sehe, oder die tausend, die ich nicht sehe, oder die tausend, die ich sehe und deren Namen ich nicht kenne und von denen ich nicht weiß, was damit zu tun ist: auflösen, tragen, einreiben, trockenschlagen, braten, mischen, aufbewahren? Langsam, langsam kriecht das alles jedoch zu der Stelle in meinem Gedächtnis, von der es sich nie mehr entfernen darf: *Rolle 12, Abt. 8, Medina Casablanca*, und schon sehe ich es: die Art und Weise, wie die Kräuter auf der Eisenplatte verteilt liegen, die Art und Weise, wie die Menschen in einem niedrigen, verräucherten Raum sitzen

und essen, in dem ein schwitzender Mann Fleisch an schwarzen Eisenspießen im Feuer dreht, die Art und Weise, wie die Schuhe, an langen Schnüren schwebend, herabhängen, die Gesichter und dieses eine Gesicht, die Geräusche und dieses eine Geräusch.
Ich verirre mich, esse etwas Rotes, verirre mich wieder, kaufe Manschettenknöpfe, alte Postkarten von 1914, frage nach dem Weg, werde durch eine Nebentür hinausgelassen und stehe auf einem Boulevard mit Platanen, ich bin im Mellah, dem jüdischen Viertel.
Ziellos streife ich herum, schaue mir die bunten Bilder vor irgendeinem Kino an, höre in der Ferne jemanden singen und steuere darauf zu. Es kommt aus einer kleinen, modernen Bar, und der Mann, der dort singt, ist ein zufälliger Passant, ein blasser junger Mann mit langem, lockigem Haar. Eine große Gruppe steht um ihn herum, feuert ihn an und singt den Refrain mit schleppender oder jagender Stimme mit. Alle sind fröhlich. Ich bin der Fremde, und daher bekomme ich etwas zu trinken. Der Mann singt, bis er nicht mehr kann, die Kellner spülen die Gläser, und wir gehen alle nach Hause. Im Bett lese ich in einer englischen Zeitung, wie kalt es überall in Europa ist, und als ich aufwache, ist es auch in Afrika kalt. Ein Heer grauer Wolken zieht über uns hinweg, es ist grau in der Stadt und grau am Hafen, und voll Heimweh schaue ich lange auf ein graues Frachtschiff aus Groningen, das gerade beladen wird, und denke: Könnte ich nur mit, Uithuizen, Appelscha, Pappkar-

ton und flache, niedere Länder, ein Gedicht von Koos Schuur:[2]

> *Tief im Herzen spür ich das feste Band*
> *Das mich verband mit diesen nüchtern' Flächen:*
> *Weit wie der Himmel selbst; mit gleichem Rand*
> *Und wie ein altes unverkennbar' Zeichen*
> *Den Himmel spiegelnd in den trägen Bächen.*

An diesem Nachmittag sehe ich die Rückseite von Casablanca. Ein Niederländer, der hier schon seit Jahren lebt, fährt mich ins Elendsviertel, wo die Arbeitslosen wohnen, die Armen, die Elendsten. Es liegt eine Viertelstunde außerhalb der Stadt, eine andere Stadt. Mein Führer will oder wagt sich nicht hinein, und so bleiben wir an der geordneten Form des Autos stehen und schauen auf die Wüste, auf die Stadt, die eine Wildnis ist, eine Pseudostadt aus Abfall, eine negative Stadt, erbaut aus Müll, Kisten, Blechstücken, selbstgemachte Löcher, in denen Zehntausende wohnen, eine verdorbene Landschaft aus Zerbrochenem, aus Krankem, Chaos, Hunger, Verbrechen.
Es ist eine ganze Stadt, am Rande von Casablanca, der modernsten Stadt Marokkos. Niemand hat sie im Griff, sie wächst, und niemand kann ihr Einhalt gebieten. Staubige Wege durchziehen sie, ein Auto käme dort nicht durch. Es gibt Läden und etwas schief Herausragendes: die Moschee? Und es gibt zweifellos eine Hierarchie, diese Stadt setzt sich ihre eigenen

Gesetze. An ihrem Rand spielen Kinder, ein Spiel, das aus Treten und Schlagen besteht.

Wir fahren durch die neue Medina nach Casablanca zurück. Die Straßen sind hier breiter als in der alten. Sonst gibt es keinen Unterschied: eine undurchdringliche fremde Welt. Wieder die Stoffläden und die Freiluftfriseure, die langen Tische mit Schafsköpfen, Ziegenfüßen, Eingeweiden, Lungen, Herzen, die mit Körben behängten Mauern, die grünen Holzhäuschen, in denen bebrillte Männer an einer Schreibmaschine vor einem Porträt des Sultans auf Kunden warten, die selbst nicht schreiben können.

Die moderne Stadt ist danach fast ein Schock. Hier wetteifern Bekanntes und Unbekanntes miteinander, Geheimnisvolles wird entzaubert, Bekanntes bekommt einen geheimnisvollen Hintergrund. Wolkenkratzer und Dschellabas, moderne Hotels und verschleierte Frauen mit rot gefärbten Handflächen, die hundert Schritte zwischen der Place de France und der Medina, die lesbaren Zeitungen und die unlesbaren, die Schrift, die ich kenne, und die Schrift, für die ich blind bin, die ich lediglich als *Form* wahrnehmen kann. Der Abend bricht über all das herein, doch die beiden Welten fahren fort, einander zu hassen, anzuziehen, sie selbst zu sein und sich darzubieten.

Ich sitze unter der Galerie des Café de France. Ein Junge will mir einen Quarterdollar verkaufen. Ein Mann will mir Rosen verkaufen. Im Verkehr entstehen Lücken, es wird leer und still. In einer Ecke des Platzes warten gelangweilt zwei Taxis, die letzten Leute verlassen den sinkenden Abend, ich kaufe eine Zeitung und gehe schlafen.

16. Juli 1960

1 *dahir*: Erlaß des Sultans bzw. Königs.
2 Koos Schuur (1915-1995): niederländischer Journalist, Übersetzer und Lyriker.

Marrakesch:
Schlüssel zum Atlas und zur Sahara

Hinter Casablanca ist die Landschaft karger, braun, gelb, trockener als im Norden, braun und gelb. Die schmale Straße nach Marrakesch windet sich durch sie hindurch, eine unscheinbare Spur in einem dürren Garten. Zum erstenmal ein Gefühl des Fremdseins: hier beginnt das vollkommen Andere. Die Fahrt dauert lange, die Ankunft ist dramatisch. Die Erde wird röter, wir fahren durch einen nicht endenden Palmenwald, die Stadt ist rot, liegt wie ein roter Palast vor den Bergen, von denen man nur die Gipfel sieht, eine lange weiße Kette, weit hinter der Stadt in der Luft aufgehängt.

Marrakesch ist eine merkwürdige Stadt: Schlüssel zum Süden, zum Wilden – dem Feuer der Sahara, dem schneebedeckten Atlas. Abschied vom Norden, dem Angepaßten.

Ich komme mittags an, als niemand auf der Straße ist, nehme ein Bad in meinem Hotel und lege mich schlafen, werde zwei Stunden später von einem jagenden Trommelrhythmus wach. Ich liege in diesem fremden Zimmer, das Licht schleicht sich durch die Rolläden herein, doch das Geräusch, von dem ich dachte, es gehöre zu meinem Traum, hält an. Ich stehe auf und ziehe den Rolladen hoch. Draußen ist das Licht noch genauso streng, genauso weiß und grell auf den staubigen grünen Farben des kleinen Parks vor dem Hotel. Ich sehe Menschen entlang den Wegen auf der Erde und auf den Bänken liegen, in weite weiße Kleider gewickelt. Das Geräusch kommt von jenseits des Parks, vom Djemaa el-Fna. Ich ziehe mich an, gehe in die Hitze hinaus, auf das Geräusch zu. Djemaa el-Fna, Versammlungsort der Toten, ein weitläufiger roter Platz von der Farbe getrockneten Bluts.[1] Dort herrscht Trubel, herrscht immer Trubel. Aus der Umgebung sind, wie sie das schon seit Jahrhunderten tun, Berber gekommen. Und der Fremde, der mit jeder Sekunde fremder wird, darf auch dabeisein, ein bleicher Zuschauer auf einem orientalischen Jahrmarkt, ein Spaßmacher mit einem Guckkasten, Teil einer Minderheit, die man nicht belästigt.
Es sieht aus, als sei es schon immer so gewesen: Das Gebäude der Busgesellschaft, das Postamt, die Medina umklammern den Platz, und auf diesem die Zauberer, die Heiler, die Musikanten, die Schlangenbeschwörer, die *kefta*-Verkäufer,[2] die Geschichtenerzäh-

ler. Darüber steht brennend die Sonne, doch das bedeutet nichts. Dies ist der große Tag, der Tag, an dem sie nach Marrakesch gekommen sind, in die Wunderstadt. Araber und Berber bevölkern den Platz, eine lebende Seite aus einem orientalischen Buch, die Welt, von der man dachte, sie existiere nicht mehr. Aber sie existiert noch. Das Getrommel, das mich geweckt hat: sechs Neger in weißen Kaftanen, schwarze, mit mondweißen Muscheln besetzte Mützen auf dem Kopf, ein Orchester, das singt und mit gebogenen Holzstöcken auf Trommeln schlägt. Der Mann, der zu mir kommt, um Geld einzusammeln, hat gelbe, blutunterlaufene Augen, von Zeit zu Zeit singt er, ein bißchen tanzend, mitten in der Gruppe oder wirft schreiend seine Mütze in die Luft.

Der Tourist darf all dies durchstreifen, darf – gegen Geld – fotografieren, aber um ihn geht es hier nicht, er ist unerheblich und ein wenig lächerlich. Er versteht auch nichts – stumm und verständnislos steht er hinter der dichtgedrängten Gruppe, die schweigend auf dem Boden sitzt und fast fanatisch dem Märchenerzähler in seinem blauen Kaftan lauscht, der beschwörend wie ein Zauberer in der Mitte des Kreises steht, bei jedem Höhepunkt seiner langen, beißendscharfen Sätze den Arm gen Himmel streckt. Er ist blind, und er ist ein Meister.
Atemlos hängen die Zuhörer an seinen Lippen und lauschen der Geschichte, die sie schon tausendmal ge-

hört haben, und zum tausendsten Mal entrollt er vor ihnen auf diesem flirrenden Platz das gleiche Bild: vom glückseligen, stets zufriedenen Abdul mit seinem Hund. Sie kennen die Geschichte schon lange, aber sie sind aus den Bergen und aus der Wüste gekommen, um sie noch einmal zu hören, denn was geschah mit Abdul und seinem Hund? Abdul war arm, aber zufrieden. Er arbeitete hier und da, besaß kein Geld und kein Land, aber er war zufrieden. Und wohin er auch ging, sein Hund folgte ihm. Eines schönen Tages (die Zuhörenden drängen sich dichter zusammen, die Stimme des Erzählers schnellt in die Höhe), was hört er? Ein summendes Geräusch? Bienen! Was findet er? Honig! Was denkt er? Den kann ich verkaufen! Er füllt seine Tasche mit dem herrlichen Honig und zieht in die Stadt. Sein Hund folgt ihm. Der Erzähler genehmigt sich eine kleine Pause. Keiner spricht, alles wartet nur darauf, daß er fortfährt. Er zog also in die Stadt mit seinem Honig, und diese Stadt war groß und reich. Das machte Abdul froh und glücklich, denn hier würde er seinen Honig bestimmt verkaufen können. Er ging durch die Straßen der Stadt, schaute beim Silberschmied vorbei, beim Schneider, beim Korbflechter. Und ach, er blieb auch beim Lederverarbeiter stehen. Was saß da auf dem Boden? Eine schwarze Katze, und Abdul, der Katzen sehr mochte, bückte sich, um das Tier zu streicheln. Hier hält das Schicksal den Atem an, genau wie der Erzähler und die Menschen um ihn, denn was passiert? Aus Abduls Korb fällt ein Honigtropfen. Eine Wespe, vom Geruch angelockt, läßt sich auf dem Honig nieder und beginnt zu fressen. Und das ist erst der Anfang: Ein Vögelchen, das die Wespe gesehen hat, stürzt sich auf sie und verschluckt sie. Doch die Katze, nicht faul, schnappt sich mit *einem* Pfotenhieb das Vögelchen. Abduls armer Hund erschrickt so, daß er sich auf die Katze stürzt und sie totbeißt. Der Lederverarbeiter, rasend vor Trauer über den Tod seiner lieben Katze, geht dem Hund zu Leibe. Abdul (mein Hund!), ebenfalls erschrocken, will den Mann davon abhalten, versetzt ihm dabei aber einen so kräftigen Stoß, daß dieser gegen einen zufällig Vorbeigehenden taumelt. Der denkt, er wird angegriffen, zieht sein Messer und sticht den Lederverarbeiter ... tot. Das ist der erste Tote. Denn was will der elende Zufall? Der Mann, der zufällig vorbeiging, kommt aus einer benachbarten Stadt, und aus dieser Stadt sind an diesem Tag viele, viele Menschen zum Markt geströmt. Rasch kommt es zum Krieg zwischen den Bewohnern beider Städte. Auf dem Markt und im ganzen Souk wird gekämpft, und als die blutende Sonne hinter den Horizont getragen wird, liegen dreitausend Tote auf den befleckten Pflastersteinen. Abdul freilich, der Zufriedene, ist nirgends mehr zu sehen. Wo ist er hin? Wer vermag das zu sagen? Er ist mit seinem Hund verschwunden, und niemand weiß, wohin.

Die Geschichte ist aus. Kurze Zeit bleiben alle noch

sitzen, danach tut man sich schwer, aufzustehen und an andere Dinge zu denken, zum Beispiel ans Zahlen. Aber es gibt so vieles zu sehen – sie lassen sich vom einen Wunder zum nächsten treiben. Schrill und unaufhörlich klirren die Wasserverkäufer. Sie tragen wüste tibetische Hüte und wunderliche Kleider, sie sind von Kopf bis Fuß behängt mit glänzend polierten Kupfergefäßen, in denen das Wasser (aus einer Tierhaut) ausgeschenkt wird. Ein Schwarzer in Grün steht albern herumtanzend in einer Ecke, doch niemand achtet auf ihn, soviel Lärm er auch mit seinen eisernen Instrumenten macht.

Ein Theaterstück! Drei oder vier Jungen, von denen zwei eine Frau darstellen, lassen sich in einem kreischenden Kreis zu groteskem, grobem Spiel hinreißen, jedes kichernde Frauenlachen, jeder übersatte Gesichtsausdruck hat die beabsichtigte Wirkung, die dicht zusammengedrängten Zuschauer sind völlig gebannt.
Es ist merkwürdig, aber in ihrer Urform sind alle bei uns so verbissen aufrechterhaltenen kulturellen Ausdrucksformen vorhanden, ungeschliffen, aber so echt wie Stein oder Holz. Der Schriftsteller: der Erzähler. Das Theater: wildes, spielerisches Spektakel mit schwülstigem Agieren und mit Szenen- und Garderobenwechseln auf offener Bühne. Ballett, Konzert an zehn Stellen zugleich. Und Film. Ein weiser alter Mann sitzt umringt von anderen weisen alten Män-

nern, und leise singend setzt er seinen Film in Gang. Vor ihm liegt ein hoher Stapel von Blättern mit Darstellungen, Mythen, Legenden, was weiß ich. Zu jedem Bild singt oder rezitiert er seinen Kommentar, wie bei uns vor noch nicht mal dreißig Jahren der Kinoerzähler. Das Publikum blickt andächtig auf das Bild, lauscht dem Text, bleibt sitzen bis zum Ende des Films: »... und dann kam Sidi Ali auf seinem schwarzen Hengst und erstach Ras el K'Roul. Wankend fiel der Riese zu Boden, in seinem Blute schwimmend.«

Ich trinke irgendwo im Schatten eine laue Cola und gehe dann zu einer Stelle, wo ich meinesgleichen sich drängen sehe: um den Schlangenbeschwörer, einen Mann mit langem, in krausen Strähnen herabhängendem Haar, einem breiten, grausamen Mund und stechenden Augen. Er bläst auf einer Schilfflöte. Die Kobra auf dem Kissen schwankt hin und her. Die kalten Augen in dem schwankenden Kopf starren auf uns, auf unsere vergrößerten Gesichter. Schwitzende Hände suchen schon mal nach Geld, die Angst vor der Schlange ist immer noch lebendig, auch in Ländern, in denen man keine mehr sieht. Die Musik verfolgt mich bis zum Gebäude der Busgesellschaft. Dort, von der Dachterrasse aus, schauen die Vorsichtigen zu. Rauch steigt an verschiedenen Stellen auf, Düfte von Pfefferminztee und gebratenem Lammfleisch. Hin und wieder ein Glitzerstrahl: ein Wasserverkäufer, der sich durch die sich ständig verlagernden

Kreise bewegt. Der ganze Platz: ein wilder Strudel archaischer Vergnügungen, die in tausend Jahren nicht älter geworden sind.

Ich nehme eine kleine Kutsche, um die Stadt zu sehen. In der Ferne die Berge mit ihren weißen Gipfeln – in der Nähe die Gärten mit ihren Springbrunnen, ihren nie gesehenen Blumen. Der Gedanke an Schnee in dieser Hitze ist fast lachhaft. Und trotzdem wird wenige Meilen von Marrakesch entfernt bis in den Mai hinein Ski gelaufen.

Mein Kutscher spricht seinem überalterten Apfelschimmel aufmunternd zu, und derweil streifen wir durch die Stadt – er lacht und zeigt: die Koutoubia, die Moschee von Marrakesch, Guéliz, das Europäerviertel (Bar des Négociants, Restaurant Franco-Belge), das Casino in einer vornehmen Allee, die Gartenanlagen Aguedal und Ménara, die Brunnen von Mouassin und Bab Doukkala, die grimmigen Tore, das Mamounia-Hotel, in dem Churchill im Winter manchmal malt.

Abends, als es dunkel ist, gehe ich noch einmal zum Djemaa el-Fna. Jetzt sieht der Platz phantastischer, geheimnisvoller aus. Alles findet an offenen Feuern statt oder bei kleinen Lampen, die ein helles weißes Licht verbreiten. Der Erzähler erzählt. Der Beschwörer beschwört. Das klagende Singen einer Stimme im Wettstreit mit fremdartigen Saiteninstrumenten. Doch was mir am deutlichsten in Erinnerung geblieben ist: ein Mann inmitten einer Kinderschar. Mit großen Augen, die alles vergessen haben, schauen sie auf das, was er ihnen zeigt, die Geschichte von Mohammed. Tafel um Tafel dreht er um, und das weiße Licht flackert über der Gruppe, während er mit einem langen Holzstock auf ein Bild nach dem anderen deutet: Das ist der Prophet, und das ist der und der, und jetzt passiert das, hier, schaut mal, da könnt ihr es sehen. Sie sehen es, und sanft und manchmal leiernd, manchmal auch heftig spricht die Stimme weiter, ich höre sie noch hinter mir, als ich schon ein großes Stück weiter bin, jemand, der weggegangen ist, weil er nichts versteht.

Nacht. Im Park liegen wieder die in ihre Kleider gewickelten Gestalten, sie schlafen, während sie auf den Bus warten, der, so Allah will, am nächsten Morgen kommt. Der Himmel ist kalt und funkelt vor lauter Sternen. Es ist sehr still, kein Hauch streift die Blätter der Palmen. Und als ich im Bett liege, höre ich noch immer die Trommeln auf dem Platz, drohend, unruhig, ein Geräusch, das sich nicht aussperren läßt.

23. Juli 1960

1 siehe Anmerkung 3 S. 26
2 *kefta*: gebratene Hackfleischbällchen, marokkanische Spezialität.

Fremdling in Nordafrika

Lustlos sitze ich in meinem großen Gartenstuhl unter den schweren Schattenbäumen des Mamounia-Hotels in Marrakesch. Auf allen Seiten leuchtet und lodert der Garten: Bäume, Sträucher, hohe spitze Blumen, die ich nicht kenne. Der Engländer, der mich eingeladen hat, deutet auf sie und nennt ihre Namen, und ich vergesse sie augenblicklich wieder, sie sind zu schön und zu farbenfroh. Ich halte mir das eiskalte Colaglas ans Gesicht und schaue. Um uns herum andere Gäste, alte englische Damen, die rascheln, als seien sie aus Papier, schwere deutsche Herren, die sich bedienen lassen, während sie an ihre GmbH und den Dollarkurs denken. Ein brautweißer Ober bringt meinem englischen Freund seine Daily Zeitung – er reißt die Banderole ab und sucht die Sportseiten.
Ich schlage das Büchlein auf, das ich aus Amsterdam mitgebracht habe, und lese den ersten Satz, auf den mein Blick fällt: »Lange bin ich hier, einsam, geblieben – draußen wartete der Führer auf mich mit den Kamelen – und es war so fremdartig und seltsam, diese Einsamkeit, dieses weiße Sepulcrum, diese weißen Kegel ringsum, schmucklos aufragend über diesen Gräbern, nicht breiter als weiße Schwellen, zwischen Pfeiler neben Pfeiler. Und die sinkende Sonne, die Goldstaub puderte durch die schmalen Fenster, durch die der Königssohn gesehen hatte, wie seine Mutter lebendig begraben wurde (...).«[1]

Mit meinem wie immer leicht übersteigerten Vorstellungsvermögen sehe ich jetzt den Verfasser dieser Zeilen auf der Terrasse stehen, Mijnheer Couperus, er zögert kurz und setzt sich dann zu uns, ein Herr mit Strohhut in einem Palm Beach-Anzug, die Sonne im Ring, den er am kleinen Finger trägt. Er sieht (blitzschnell, dieser Schriftsteller), daß der Engländer *thé à la russe* trinkt, und nimmt sich vor, das nachher gleich in seinem Zimmer zu notieren, man kann nie wissen, wofür sich das noch mal verwenden läßt. Er raucht eine schmale, platte türkische *cigarette* und plaudert, unnachahmlich. »Reisen ist eine schwierige Tätigkeit. Am liebsten würde ich reisen, ohne etwas wissen zu wollen. Man läßt alles über sich ergehen in einem Auto oder Eisenbahncoupé, man steigt ab in einem Palace, und wenn man sich ausgeruht hat, ist das Auto schon wieder vorgefahren.« (Aber gewiß, Mijnheer Couperus.) »Reisend noch viel erfahren zu wollen macht nervös, läßt einen hastig Reiseführer aufschlagen und ermüdet einen ungemein (...) das Beste, dünkt mich, ist der Mittelweg: nicht völlig dumm zu reisen, aber auch nicht zu intelligent (...).«

Wie der Geist eines Herrn, der weiß, wie es sich gehört, erhebt er sich nun flügelschlagend aus seinem Korbstuhl und entschwirrt, kurze Züge an seiner *cigarette* nehmend und umschwärmt von literarischen Posttauben mit dem niederländischen Wappen auf der Brust, in den schwülen Schatten des Gartenwegs,

auf dem Weg nach Den Haag oder Nizza oder Florenz. Ich für meinen Teil schlage sein Buch zu, während ich über das Schicksal toter Schriftsteller nachdenke, und bitte den Ober, eine Droschke zu bestellen, um in mein eigenes Hotel zurückzufahren, das im Zentrum von Marrakesch liegt. In den Lederfedern schaukelnd, klappern wir durch die verlassenen Straßen, keine Palme regt sich. Schwach höre ich Trommeln auf dem Djemaa el-Fna, dem Tummelplatz Marokkos, doch ich bin zu müde für Schlangen und zu müde für Tänzer und Erzähler und lege mich in meinem Zimmer aufs Bett.
Die Läden sind geschlossen, aber es dringt genug Licht durch die Ritzen, so daß ich lesen kann.

Ich schaue auf die Karte: Die Reise, die ich in den Süden unternehmen werde, in die Sahara – und der Weg, den ich bereits zurückgelegt habe von Tanger nach Marrakesch, das Blau des Ozeans dreimal berührend, jetzt weit von ihm entfernt, in einer fremden Stadt, einem fremden Land.
Was weiß ich inzwischen von diesem Land? Ich bin hier, halte mich hier auf, doch jeder Schritt, den ich draußen gehe, ist ein Schritt in einer andersartigen Welt. Ich werde verstanden, wenn ich französisch spreche, ich darf in Hotels schlafen und in kleinen Droschken fahren, doch die Stimmen, die ich höre, sind fremd, ich verstehe sie nicht. Viel mehr als europäische Länder ist Marokko ein Gebiet, das erobert

werden muß, weil man hier auf viel grundlegendere Weise der Fremde ist, der Fremdling. Bei einem oberflächlichen Besuch ist das Fremde und Exotische ein romantischer, malerischer Hintergrund, etwas, worüber man nach Hause schreiben kann. Doch je länger man bleibt, je weiter man nach Süden fährt, desto mehr läuft man in die Falle, desto fremder wird man auch sich selbst, bis man plötzlich merkt, daß man seine Umgebung als maßgeblich und autonom empfindet und sich selbst als den Besucher, den ausschließlich Zuschauenden, den tauben Zuhörer. Die Kleidung, die Kasbahs, die Schleier, die unlesbaren Zeitungen, die Sprache beginnen auf einen einzuwirken, und immer wieder passieren Dinge, die haftenbleiben.

Ich gehe die lange Reihe bis Marrakesch durch: die schrille, unvertraute Ankunft in Tanger, die erste am Boden hockend eingenommene Mahlzeit, die einschneidende und endlos sich wiederholende arabische Melodie aus einem tragbaren Radio neben mir am Strand von Casablanca, eine verschleierte Frau am Steuer eines pfauenblauen deutschen Sportwagens, die gelangweilten spanischen Mädchen in einem kahlen, leeren Nachtclub, der Führer, der keinen Alkohol trinken will, das weiße Grab eines heiligen Mannes mitten in einer ockerfarbenen Landschaft, die strengen Holzbaracken einer amerikanischen Truppenbasis, das ernste Gesicht von Sultan Mohammed V. – und dasselbe Gesicht in bunten Farben, das man als

Bild in der Medina von Rabat kaufen kann, die Verkäufer von geröstetem Fleisch an den spärlichen Bushaltestellen auf den tagelangen Fahrten, die leergestohlenen Augen der Blinden, die Straßensperren der Polizei unterwegs, die langen, langen Messer der Sonne. Was fange ich damit an?

Draußen verrinnt träge der Nachmittag, drinnen lerne ich meine Lektionen. An der Spitze einer Provinz steht ein *amel* (Mehrzahl: *oumal*), und unter den *oumal* gibt es ein Fangnetz von *kaïds*, Super*kaïds*, Scheichs, Dorfoberhäuptern. Ein Scheich ist lediglich das Oberhaupt einiger Dörfer, der die Anweisungen des *kaïd* ausführen muß. Es gibt dreimal soviel Berber wie Araber. Es gibt rund 300 000 Juden, die nach Israel auswandern dürfen, wenn sie das wollen.

Der Generalsekretär der Kommunistischen Partei heißt Ali Yata und lebt im Ausland, weil die Partei verboten ist.[2] Nicht verboten sind fünf andere Parteien, und unter diesen fünfen ist die Istiqlal die bedeutendste.[3] Den Versuch, Einblick in die marokkanische Politik zu gewinnen, unternimmt man besser nicht. Nach einer Woche redlichen Bemühens habe ich mich, ungeübt wie ich bin, verheddert (aber wer könnte einem Marokkaner erklären, was es mit den byzantinischen Verwicklungen unserer nationalen Politik auf sich hat?). Nein, lieber als mit zu kleinen Fischen nach Hause zu kommen, habe ich sie wieder in dem großen Meer ausgesetzt, aus dem ich sie herausgefischt hatte: dem Meer der widersprüchlichen Geschichten. Ich blicke in die rätselhaften Gesichter von El Glaoui, Pascha von Marrakesch, und von Marschall Lyautey, weiß, daß ich nie wirklich Bescheid wissen werde, und lasse mich in einen sanften, touristischen Zustand zurückfallen, der sich damit begnügt, unter Palmen zu staunen, im Bus am Fenster zu sitzen und die Postkarten mit den schönsten Farben auszusuchen.[4]

Als ich ins Freie trete, sind die Straßen voller Menschen. Ich gehe ein wenig herum und erkundige mich, wo ich Plätze für den Bus in den Atlas reservieren kann. Ein Junge bringt mich zu einem kleinen Büro, und ich bekomme einen schönen Platz, gleich hinter dem Fahrer. Abfahrt: vier Uhr am nächsten Morgen. Eine Fahrt, die bis acht Uhr abends dauern wird. Meine Karte fest in der Hand, verlasse ich das Büro und blicke zu den Bergen, durch die ich morgen fahren werde, die kalte, hohe Barriere zwischen Stadt und Wüste.

6. August 1960

1 Louis Couperus, *Met Louis Couperus in Afrika* (Reisebriefe), hg. von Jacob van Campen, Amsterdam 1921.
Couperus (1863-1923): niederländischer Schriftsteller, aufgewachsen in Niederländisch-Indien, Mitglied der Tachtigers (»Achtziger«), einer Gruppe junger Autoren, die 1880 einen revolutionären Neubeginn der niederländischen Literatur fordern; wichtigster niederländischer Prosaist seiner Generation.
2 Ali Yata (1920-1997): marokkanischer Politiker, Generalsekretär der marokkanischen KP (PCM), engagiert im Kampf gegen die französische Kolonialmacht, 1948 vom französischen Generalresi-

denten Lyautey (s. u.) des Landes verwiesen; die PCM wird 1952 von Paris verboten.
3 Istiqlal-Partei (Unabhängigkeitspartei): 1943 durch Intellektuelle der Universität von Fes gegründete nationalistische Partei Marokkos.
4 Thami El Glaoui (1878-1956): berberisches Stammesoberhaupt, 1912-1956 Pascha von Marrakesch, kollaboriert während der Protektoratszeit mit den französischen Besatzern, kämpft auf französischer Seite gegen aufständische Berberstämme, mitverantwortlich für die Verbannung von Sultan Mohammed V., nach dessen Rückkehr 1955 entmachtet.
Louis Hubert Gonzalve Lyautey (1854-1934): französischer Kolonialoffizier, Marschall von Frankreich, 1912-1925 erster Generalresident von Marokko.

Durch den Atlas in die Sahara

Zagora, der Hafen der Wüste

Vier Uhr morgens, Marrakesch. Die Augen noch voller Schlaf, folge ich dem Jungen vom Hotel, der mich geweckt hat und jetzt meinen Koffer zum Gebäude der CTM, der marokkanischen Busgesellschaft, trägt. In einer Ecke der Halle steht der Bus schon bereit, ein brummendes Tier, das Lust auf den Atlas hat und Lust auf die Sahara. Ich setze mich auf den Platz, der für mich freigehalten worden ist – hinter dem Fahrer –, und denke an die Fahrt, die an diesem Tag bis acht Uhr abends dauern wird, bis Zagora.

Der Bus ist bereits voll. Oasenbewohner aus dem Dra-Tal, Berber aus dem Djebel Bani, Angehörige verschiedener Nomadenstämme – die Männer in gestreiften oder groben weißen Dschellabas, mit Kranzbärten und weißen Turbanen, die eine Art Tonsur frei lassen, die Frauen in Indigoblau mit Schmuck aus Eisen und Silber. Ich bin der einzige Europäer. Der Fahrer, ein kleiner, kräftiger Araber, gibt mir die Hand, und dann geht es los. Schemen von Häusern und Menschen, ein rotes Tor, die grauen springenden Formen von Palmen im langsam die Oberhand gewinnenden Licht. Noch einmal halten wir: Irgendwo in einer Art Wartehäuschen steht eine Deutsche mit einem kleinen Koffer, auf dem Weg in die Sahara. Sie bekommt einen schönen Platz vorn im Bus, hinter einem Mann mit prächtiger weißer Pudelmütze.

Der Fahrer, Monsieur Hamid, spielt mit seinen Lichtern im Halbdunkel, was aber nicht nötig ist, es gibt keinen Verkehr. Noch schießen die Lichtkegel über verschwommene Baumgruppen, über niedrige Bauernhäuser am Straßenrand – doch schon eine halbe Stunde später ist das Spiel aus: Dann wird es Tag in der herben roten Landschaft, zwischen den Hügeln, aus denen später, noch weit entfernt, der Atlas wird.

Es wird wärmer im Bus, Freunde beginnen einander Bemerkungen zuzurufen, Gelächter, eine Geheimsprache von Worten, und in dieser geschlossenen Kulisse fremdartiger Gerüche und Laute geht es dahin. Dann und wann sehe ich Augen, die mich aus dem Rückspiegel des Fahrers neugierig betrachten, doch langsam schlafe ich ein und wache erst auf, als der Bus plötzlich langsamer wird. Es ist jetzt viel heller. Wir befinden uns auf halber Höhe eines Hangs, und neben dem Bus rennt ein magerer Mann her, der dem Fahrer ein Bündel Brote hinstreckt. Sie sind frisch gebacken, kleine Wärmewölkchen schweben in der kalten Morgenluft über ihnen. Mit der Linken zieht der Fahrer die Brote herein, ein paar Mitfahrer schreien *ouacha! ouacha!* (ja! ja!), und im Spiegel sehe ich den Mann auf der flimmernden Asphaltstraße kleiner werden, ein winkendes Männchen, allein in einem wilden Garten.

Der Gehilfe des Fahrers verstaut die Brote irgendwo unter einem Sitz, der Ton des Busses wird schwerer, verbissener, wir kriechen die ersten Berge hinauf, und die Wärme des Motors schlägt qualmend herein. Hinter der Fensterscheibe verändert sich die Landschaft in einem fort und malt Steine und kalte Wolken, eine plötzlich absackende Ebene, in der noch die letzten Nebel hängen, eine Gruppe in dichte weiße Kleider gehüllte Eselreiter auf dem Weg in die Stadt, die mit den Augen grüßen.

Eine Stunde, zwei Stunden, drei Stunden. Es geht noch immer bergauf, die Landschaft, die wir hinter uns lassen, fällt immer tiefer, immer langsamer fahren wir auf die kalten Berge zu. Ein Dorf, eine Garnisonsstadt, oder was ist es? Ein einheimischer Wachposten, nicht in Uniform und bewaffnet mit einem langen Karabiner, hakt eine über der Straße hängende Kette los, und wir fahren hinein.

Zehn Minuten, um sich die Beine zu vertreten. Auf der rechten Straßenseite stehen blaue Emailleteekännchen bereit, darauf strömen die Berber zu. Es riecht nach Holzkohle und frischer Krauseminze. Es ist kalt, ich gehe zwischen den drei Häusern herum und komme mir plötzlich fremd vor in diesem hohen Raum, in dem das Land schwingt und bricht und die Straße eine dünne, blinkende Spur nach oben zieht. Der Busfahrer winkt mir mit einer Hand voll Post und geht in ein niedriges Café, in dem der Mann mit der Pudelmütze bereits eine Flasche Chaudsoleil bestellt hat, marokkanischen Wein. Die Deutsche sitzt unbehaglich hinter einer Tasse schwarzem Kaffee, der Fahrer führt ein unverständliches Gespräch mit dem Mann hinter der Bar, und ich denke: So wird es hier in Taddert wohl immer zugehen. Der Morgenbus kommt aus Marrakesch, die Berber trinken ihren Tee draußen, auf der anderen Straßenseite, hier drinnen landen die Touristen, der Fahrer liefert seine Post ab, und weiter passiert nie etwas. Im Winter fällt Schnee, manchmal kommt der Bus nicht – dann sind hier nur noch die einsamen Gestalten, die auf ihren Eseln vorbeiziehen.

Wir zahlen, schütteln Hände, rutschen wieder auf unsere Plätze. Jetzt wird mehr gelacht und geredet, das Eis vom Morgen ist gebrochen, alle beginnen zu rauchen, der Bus verbeißt sich in die Straße und klettert und klettert. Die Landschaft hinter Taddert ist die wildeste, die ich je gesehen habe – der Paß, über den wir müssen, der Tizi-n-Tichka, liegt auf gut 2200 Meter Höhe, jede Biegung der Straße macht die Aussicht grimmiger. Die Landschaft unten sieht aus wie ein Meer mit aufgeworfenen, erstarrten Wellen, wir fahren über einen schmalen Kamm zwischen zwei Abgründen – warum fallen wir nicht hinein? Auf der Karte ist dieses Land weiß, die Gipfel erreichen bis zu 4000 Meter, Orte und Berge heißen Taska-n-Zate, Tisseldei, El Had, Agouim, Iflilt.

Ich sehe einen Schatten, der sich neben dem Bus bewegt, der mitfliegt und plötzlich davonschießt, ein großer Raubvogel, die Flügel weit ausgebreitet, ein Adler? Hier ist alles aus Stein, wir befinden uns so hoch, daß man meinen könnte, ganz nahe beim Schnee zu sein, doch die Sonne ist mit uns gestiegen und steht senkrecht über der leblosen Landschaft, die Temperatur im Bus wird unerträglich. Die Luft, die durch die Fenster hereinweht, ist lau und von scharfem Sand erfüllt, der sich in Nase und Mund festsetzt. Von Zeit zu Zeit trinke ich aus einer mitgenommenen Flasche Mineralwasser und sehe, wie ich dabei aus dem Spiegel betrachtet werde: Dieser ulkige Kerl muß schon wieder trinken.

Sieben Stunden? Acht Stunden? Ich weiß es nicht mehr – langsam, langsam schrauben wir uns durch die Berge und sehen ein Bergwerk, einen Landvermesser, ein englisches Auto und später, als es wieder abwärts geht, die ersten *ksours*, rote festungsähnliche Lehmbauten.[1] Wenn jemand mitfahren will, halten wir kurz an. Kinder drängen sich um den Bus und schauen neugierig herein, Frauen mit prachtvollem Schmuck, unverschleiert, bleiben etwas weiter weg stehen und wenden den Kopf ab, wenn man hinschaut. Ziegen, Dattelpalmen, Schafe. Früher Überfälle anderer Stämme, heute nicht mehr. Aber noch immer wohnt die ganze Gemeinschaft in einem Gebäude, der Kasbah, die aussieht wie eine Festung aus dem Altertum. Von den Leuten, die um den Bus herumstehen, leiden viele an Krankheiten, vor allem Augeninfektionen wie dem Trachom. In den *ksours* gibt es viel Tuberkulose und viele Geschlechtskrankheiten, viele Skorpione und viele Moskitos.

Ein Hupton, der lang zwischen den Bergen hin und her echot, und wir fahren unter Rufen und Winken der Zurückbleibenden weiter.
Es ist nur noch eine Stunde bis nach Ouarzazate, dem Ort, an dem wir essen werden. Eine halbe Stunde, bevor wir ihn erreichen, wartet in einer Straßenkurve ein Trupp großer Männer. Der größte, ein Riese in blendend weißer Dschellaba, streckt gebieterisch die Hand in die Luft: Wir halten, und er steigt mit seinen Gefolgsleuten ein. Mit einem einzigen Blick seiner wilden braunen Augen fegt er den Mann neben mir von seinem Platz und setzt sich breit hin. Seine Gefährten folgen seinem Beispiel, quetschen sich über-

all daneben und dazwischen, später höre ich, daß er ein bekannter Scheich (Oberhaupt einiger *ksours*) ist. Als wir weiterfahren, hängt ein neuer, süßlicher Geruch im Bus, und als ich mich umdrehe, weiß ich, woher er kommt: Einer seiner Vasallen auf der Bank hinter mir hat einen ganzen Kuhkopf auf dem Schoß, dessen Augen mich tot und dösig ansehen. Ein anderer hält an einem fransigen Strick die vier Beine, an denen noch die rotverstaubten Hufe hängen. Ich sehe, wie die Deutsche hilflos auf den toten Kopf starrt, und bedeute ihr mit einer stummen Geste: Was macht das schon? Aber unsere Aufmerksamkeit wird sogleich abgelenkt: Mitten auf der Straße stehen wieder ein paar Soldaten, alle Businsassen müssen aussteigen und sich mit erhobenen Händen vor eine Mauer stellen. Nur die beiden Europäer und Monsieur Hamid müssen das nicht, und ein wenig lächerlich stehen wir in der weißen flimmernden Hitze da und sehen zu, wie alle Männer durchsucht werden. Ein paar schwarze Frauen gehen kichernd vorbei, große rote Kannen mit Wasser auf dem Rücken. Nach fünf Minuten ist es vorbei, niemand hat Waffen bei sich, der Bus füllt sich wieder. Monsieur Hamid sagt, ich könne zu Fuß gehen, wenn ich wolle, es seien nur fünf Minuten, und ich gehe los.

Rechts von der Straße ist es grün, ich versuche, im Schatten zu bleiben, doch auch dort ist die Hitze wollig und klamm. Ouarzazate selbst ist häßlich: ein paar Gebäude rechts, ein paar Gebäude links, die Post, die

CTM, eine Autowerkstatt, das Restaurant. Wir werden in einen dunklen Raum eingelassen, und kurz darauf steht es vor uns, geröstetes Ziegenfleisch, Tomaten und Pfefferschoten in Öl und Salz, Wein und Wasser. Ein kleiner Junge kommt zu mir und fragt, ob ich Taourirt, die Kasbah von Ouarzazate, sehen wolle. Sein Vater sei der *guide officiel*. Ich gehe mit ihm, es sind zehn Minuten bis zum Dorfrand, dann kommt eine kleine Fläche, die wir durchqueren müssen. Auf ihr wächst trockenes, ausgedörrtes Gras, ich schramme mich an den scharfen blattlosen Sträuchern. Ein anderer kleiner Junge kommt aus dem Tor der Kasbah und läuft uns entgegen. Er zieht mich am Ärmel und sagt: Sein Vater ist kein guter Führer, Sie müssen mit mir gehen, sein Vater ist ein schlechter Führer, der zeigt Ihnen nichts. Ich sage, er solle verschwinden, doch er zieht mich weiter an den Kleidern, bis wir das Tor erreichen. Ein alter Mann sitzt im Staub und schaut zu, wie wir langsam näher kommen. Als wir dicht vor ihm sind, steht er auf, und der zweite Junge flüchtet, noch immer schreiend. Der alte Mann sagt, er sei der *guide officiel*, und nimmt mich ohne große Umschweife mit.

Dies ist das erste Mal, daß ich eine echte Kasbah im Süden von innen sehe, und es ist eine der größten südlich von Marrakesch. Er zeigt uns den Palast des Glaoui.[2] Ich sage: »Der ist tot?« Ja, er ist tot. Und seine Söhne sind fort oder gefangen. Mehr will er darüber nicht sagen. Der Palast ist hoch und aus rötlichem

Lehm erbaut. Alle Gebäude gehen ineinander über, die Kasbah ist ein großer Komplex, *ein* Gebäude. Das ist das Mellah, sagt mein Führer, hier wohnen die Juden. Kurz zeigt er auf eine Tür. Die Synagoge. Kann ich die nicht sehen? Nein. Die schmalen Straßen sind nicht gepflastert, Hunderte von Fliegen umsummen uns, überall hängt der Geruch von Vieh, das bei den Menschen in den Häusern lebt. Inmitten des Gestanks, der Fliegen, der Hitze stehen wir auf einmal an der Ecke einer schmalen, dunklen Gasse einer jungen Frau gegenüber. Sie ist prachtvoll gekleidet, nicht verschleiert und hat eine Rose über der Stirn, die ihr fast bis zwischen die Augen hängt. Ich bleibe stehen und sehe sie an, doch jemand aus einem der Häuser ruft, und sie dreht sich um. Auch der Führer ist weitergegangen, und ich folge ihm. Als ich mich umsehe, ist sie fort. Ich frage ihn, wer sie war, aber er versteht mich nicht oder tut so, als ob, und stößt eine schwere Holztür auf, wir stehen draußen.

Vor uns liegt Wasser. Wasser! Grünes Schilf wächst darin. Ich höre Frösche, sehe sie aber noch nicht. Wir gehen einen schmalen Pfad entlang; der alte Mann klettert auf eine Mauer und reißt mit voller Hand Rosen von einem Strauch, der über die Mauer herüberwächst. Außer Atem läßt er sich wieder heruntergleiten, nimmt meine linke Hand, öffnet sie, drückt seine Hand voll Rosen hinein und schließt meine Hand wieder. »Tiens«, sagt er, »pour toi«, und geht weiter. Auf der anderen Seite des Wassers wächst gelbes Getreide, es gibt Palmen, es ist hier fast kühl. Über ein paar Steine springen wir hinüber, ein zweites kleines Tor, wir sind wieder drinnen. Er fragt, ob ich noch Zeit habe, Tee bei ihm zu trinken, und als ich ja sage, nimmt er mich mit zu seinem Haus. Irgendwo unter seiner Dschellaba angelt er einen riesigen hölzernen Schlüssel hervor, mit dem er vorsichtig das Schloß öffnet, ein Innenhof, eine Ziege, eine kleine Steintreppe und dann das Haus: ein niedriger steinerner Raum, in dem nichts steht außer einem Radio und zwei zusammengerollten Teppichen in einer Ecke. Er rollt einen von ihnen für mich aus und bedeutet mir, ich solle mich setzen. Dann geht er weg und kehrt mit einer blechernen Keksdose zurück, die er mir kommentarlos reicht. Wieder bleibe ich allein. In einem Haus in der Nähe höre ich jemanden langsam, rezitierend singen. Unten auf dem Innenhof schlägt der Sohn des Führers mit einem eisernen Stab große Holzkohlebrocken entzwei.

Ich öffne die Blechdose, die einen Stapel Visitenkarten von Franzosen, Engländern, Niederländern enthält. Eine Mitgliedskarte des Rijksmuseums, ausgestellt auf Frhr. Dr. jur. R. van Lennep, am Rand steht geschrieben »merci Eline van Dijk und Jan in 't Veld 27. 6. 53«. Geräusch von Pantoffeln, der alte Mann kehrt mit seinem Sohn zurück. In einem Gefäß brennt das Holzkohlenfeuer, der Sohn schürt es mit einem kleinen Blasebalg. Später, als das Wasser kocht und der Tee aufgegossen ist, kommen die hellgrünen Krauseminzblätter hinein, die Gläser werden vollgeschenkt, und wir trinken, ein Glas, zwei Gläser, drei Gläser. Der Alte erzählt mir, daß der Mann, den ich die ganze Zeit singen höre, der Lehrer sei, er unterrichte die Kinder im Koran. Wir lauschen ihm schweigend, dann höre ich das ungeduldige Hupen des Busses, weiter weg, in Ouarzazate, und der Junge bringt mich bis ans Tor der Kasbah. Wieder laufe ich, die Rosen in der Hand, über das kleine, brennendheiße Feld und erreiche außer Atem den Bus, der sofort abfährt.

Hinter Ouarzazate hört der Asphalt auf, ein ganz anderes Fahren. Der *oued* (Fluß) ist noch nicht ausgetrocknet, vorsichtig manövriert der Fahrer den Bus durch das ziemlich tiefe Wasser, Kinder spielen zwischen dem hohen Schilf an den Ufern. Im Bus ist es still. Alle schlafen. Der Nachmittag dehnt sich, die Landschaft bleibt unwirtlich: Der einzige, der nicht schlafen darf, ist der Fahrer, jedesmal, wenn ich aufschrecke, weil mein Kopf gegen die Scheibe schlägt, sehe ich, wie er den Bus ruhig und schweigend über den springenden, wilden Weg lenkt. Hier und da gibt es wieder *ksours* entlang der Straße, dort warten Menschen auf den Bus, manchmal nimmt er sie mit und manchmal nicht. Ich muß daran denken, was jemand mir erzählt hat: Wenn sie nicht mitkönnen, fangen sie nicht an zu schreien und zu protestieren, wie wir es täten, sondern setzen sich wieder in den Staub, den der Bus aufgewirbelt hat, sagen »wie Allah will« und warten auf den Bus, der am nächsten Tag kommen wird, »inschallah«.

Agdz. Ein hoher mittelalterlicher Ort. Man könnte meinen, in der Mongolei zu sein, vor fünf Jahrhunderten, oder in Assyrien vor fünfundzwanzig: Es ist heiß und streng, die Sprache ist unverständlich, hier lebt ein Kriegervolk, man fährt hinein und wieder hinaus, schließen sich die Tore danach? Laut Karte trifft hier das Wasser des Dra auf die Straße, wir kommen in das Dra-Tal, noch immer sind ringsum Berge, doch immer öfter fahren wir jetzt an grünen Palmenhainen entlang. An der Straße stehen mehr Menschen, jedesmal halten wir kurz vor dem *ksar*, Ait Hammou Ousaid, Oulad Atmane, Akhellouf, langsamer und langsamer kriechen wir auf Zagora zu, der Abend bricht herein, die zu den Fenstern hereinströmende Luft wird kälter, die Dunkelheit kriecht über die Landschaft, das gelbe Licht des Busses schießt grelle Streifen hinein.

»Zagora!« ruft der Fahrer, wir sind da. Ein Hafen in der Wüste, von hier brechen Karawanen auf, aber als wir aussteigen, ist alles leer und dunkel und niedrig. Kleine Jungen kämpfen um meinen Koffer und bringen mich zum Hotel de la Palmeraie, Somerset Maugham hätte es nicht schöner machen können, auch Paul Bowles[3] nicht.

Auf der verfallenen Terrasse sitzen ein paar unbestimmte Gestalten, drinnen, hinter der Bar, steht ein weißhaariger Mann, der uns mit spanischem Akzent begrüßt. Ja, er hat ein Zimmer. Ich folge ihm durch einen schmalen Gang, und wir kommen zu einem Kabuff, in dem ein eisernes Bett steht. Es ist sauber, sagt er, es gibt keine Skorpione. Er stößt einen Laden auf, eine Fensterscheibe gibt es nicht. Ich werde Ihnen Wasser bringen lassen, sagt er noch. Als er weg ist, höre ich ein fortwährendes Ticken und Rascheln zwischen den Holzbrettern der Decke, und ich denke an die endlosen Geschichten von Skorpionen und Schlangen, die ich gehört habe. Eine Frau klopft und stellt mir eine eiserne Kanne mit Wasser hin. Ich wasche mich und gehe zurück in die Bar.
Dort hängt eine vergilbte Getränkereklame. Es gibt einen kleinen Schrank, in dem Zigaretten und holländische Panter-Zigarillos zum Verkauf ausliegen. Ich bestelle einen Ricard und setze mich zu Monsieur Hamid. Der Besitzer beklagt sich auf spanisch bei einem verlotterten blonden Italiener, der hier seit dem Krieg hängengeblieben ist. Sein Gesicht ist alt, schon verfallen, er trägt eine weite schwarze Seidenhose und ein zerrissenes Oberhemd. Er erzählt mir, es sei schrecklich, hier zu leben, und dann segelt er zur Tür hinaus. Hören Sie nicht auf ihn, sagt der Spanier, er raucht Hasch, er raucht immerzu Hasch. Und er trinkt. Er stellt mir meinen Ricard hin und fragt: Wie lange bleiben Sie? Was haben Sie hier vor? Ich

fahre nach M'Hamid, sage ich. Er zuckt mit den Achseln: Da gibt es nichts zu sehen. Die Sahara. Die siehst du hier auch. Hier gibt es auch Sanddünen. Aber wenn du nach M'Hamid fährst, kannst du dir den Souk in Tagounit anschauen, morgen ist *khemis*, Donnerstag, dann ist dort immer Markt, Kamelmarkt.

Die Frau, die mir das Wasser gebracht hat, kommt mit großen Schüsseln voll Fleisch und Gemüse. Ein gewaltiger Franzose setzt sich zu uns an den Tisch. Er arbeitet beim Gesundheitsdienst, fährt mit einem Landrover durch die Steinwüste, von *ksar* zu *ksar*, um sie von Ungeziefer zu säubern und um die Leute zu impfen. Wenn Sie wollen, können Sie einen Tag mitfahren, sagt er.

Ich frage ihn, wie er es aushält, hier, am Ende der Welt, und er sagt, er sei hier glücklich.

Ich nicht, sagt ein kleiner angefressener Mann, der den Raum betreten und sein Gewehr in eine Ecke gestellt hat. Wer einmal in dieses Loch gefallen ist, kommt nie mehr heraus. Dies ist das Ende. Schweigend essen wir von dem zähen Fleisch. Kamel, lacht Monsieur Hamid und wirft einem schmutzigen grauen Hund, der wartend hinter seinem Stuhl liegt, ein Stück zu. Ein europäisch gekleideter Junge stellt sich zu ihm und redet lange auf ihn ein, wobei er ihn die ganze Zeit ansieht. Hamid zuckt mit den Achseln, »weiß ich nicht«, und übersetzt, ob ich zum *oued* mitkommen wolle. Ich gehe mit hinaus. Dort steht ein schwarzer Volkswagen, und wir fahren los auf der

Straße, die keine Straße ist, rüttelnd und schüttelnd mit achtzig, hundert Sachen.

Nach ungefähr fünf Minuten sind wir am *oued*. Das Wasser nuckelt am Ufer und an den hohen, geraden Stengeln des Schilfs, Kies knirscht unter unseren Füßen, und überall ringsum schärfen unsichtbare Tiere die Nacht mit schrillen Geräuschen.

»Komm«, sagt der Junge, und im selben rasenden Tempo fahren wir wieder zurück nach Zagora, durch das Tor des Forts, in dem er wohnt. In seinem Haus trinken wir, auf niedrigen Lederkissen sitzend, ein weißes anisartiges Getränk – er will noch etwas zu essen machen lassen, aber ich bin zu müde und gehe.

Das weiße puderige Licht des Monds fällt auf die assyrische Straße, kein einziges Geräusch ist zu hören. Bei den Türmen neben dem Tor stehen totenstill zwei Wachposten, Karabiner in der Hand. Sie sehen mich an, sagen aber nichts.

Ich gehe in die Richtung, in der ich in einiger Entfernung das Licht meines Hotels sehe, doch ein dicker Mann schiebt sich dicht an den Häusern auf mich zu und hält mich auf, flüstert: »Moi, instituteur, de Marrakech, tu veux des filles, très jeunes, très jeunes?« Er packt meine Hand und läuft neben mir her, aber ich reiße mich los. Er folgt mir noch kurz, doch als ich mich dem Hotel nähere, ist er plötzlich verschwunden.

In der Bar sitzen alle noch genauso da wie vorhin: der Italiener neben dem Jäger, der Jäger neben dem Mann vom Gesundheitsdienst, der Mann vom Gesundheitsdienst neben Monsieur Hamid und Monsieur Hamid neben dem Fahrer des anderen Busses. Worüber sie sprechen? Skorpione, Palmen, Sandstürme, Geld, Bier, Marokko, ich weiß es nicht, ich trinke einen Kognak und sage, daß ich ins Bett will, und der Wirt gibt mir eine Kerze, denn nachts gibt es kein Licht. Ich gehe in mein Zimmer. Auf dem Innenhof jault ein Hund. Durch den offenen Laden sehe ich den eisernen Mond zwischen Tausenden von brennenden Sternen, und ich denke, morgen bin ich in der Sahara.

13. August 1960

1 *ksar*, Plural *ksours*: Siedlungen aus Lehm, errichtet von seßhaft gewordenen Nomadenfamilien.
2 Die Kasbah von Taourirt diente als Residenz von Thami El Glaoui, dem Pascha von Marrakesch; siehe Anm. 4, S. 56.
3 Paul Bowles (1910-1999): amerikanischer Komponist und Schriftsteller, lebte ab 1947 zumeist in Tanger, seine Bücher handeln von Drogenerfahrungen, Reisen und dem Leben im Exil.

Dahinter hört die Welt auf ...

Was habe ich geträumt? Ich weiß jetzt, daß ich wach bin: Jemand schlägt mit der flachen Hand an das dünne Holz meiner Tür und ruft etwas auf arabisch oder französisch – jedenfalls verstehe ich es nicht und rufe irgend etwas zurück. Das hilft: Schlurfend entfernen sich die Schritte durch den schmalen Gang, und ich taste auf dem Fußboden neben meinem Bett nach den Streichhölzern. Das schwache, unwillige Licht der Kerze bringt mich zurück auf die Welt, die zu dieser Stunde aussieht wie ein kleines, schmutziges Hotelzimmer in Zagora auf der Rückseite des Atlas.

Vier Uhr morgens. Ich öffne die Fensterläden, Mondlicht, Sterne. Ich wasche mich in dem eisernen Kübel, der zu diesem Zweck dasteht, und suche mit meiner Kerze den Weg nach draußen. In der Ferne, irgendwo mitten auf der breiten Sandstraße, brennen die Lichter des Busses. Der Fahrer hat die Post auf meinen Platz gelegt, um ihn mir freizuhalten. Sonst ist alles voll, ein kleiner, schweigender Saal mit Berbern, die aufmerksam beobachten, wie ich einsteige, dem Fahrer die Hand schüttele, ein morgendliches Kopfnicken austausche mit dem kleinen französischen Lehrer samt seinem großen Gewehr, der hinter dem *oued* Gazellen gejagt hat.

Der unentbehrliche Rückspiegel malt den Rest der Nachtwache: einen alten Scheich, auf dem Weg zum Souk in Tagounit, mit einem toten Bock auf dem Schoß, den Helfer, der hinten im Bus einen aufkommenden Streit schlichtet, die alten Frauen in ihren blauen Tüchern mit kleinen Orangenschalenstückchen in der Nase gegen den Dieselgestank.

Das wird ein harter Tag für Monsieur Hamid. Nach Tagounit zum Kamelmarkt fahren, alle ausladen, dann weiter zum südlichsten Punkt der Strecke, M'Hamid, um dort die Oasenbewohner abzuholen, die auch zum Souk wollen, sie später wieder zurückbringen und dann die ganze Strecke zurück nach Zagora. Aber das bekümmert ihn nicht, er dreht sich um und zwinkert, zieht an einer Schnur, und dann geht es los; das Hotel, das Fort, das Tor, alles verschwindet hinter der schwarzen Tür der Nacht, und dann gibt es nichts mehr, nur noch die Ebene, die so leer ist wie eine Schultafel während der Ferien. Schauen darf ich, und das tue ich auch: Langsam rollt die Sonne auf die steinige Ebene, ein leerer Spielplatz, auf dem sie zu Hause ist. *Hammada* heißt er, Steinwüste, und es gibt keine Menschen, keine Bäume, nur eine ausgefahrene, undeutliche Spur, und das ist die Straße, voller Steine, die den Bus tanzen und springen lassen.

In der Ferne ein schwarzer Tisch: der Djebel Bani, die Bergkette, die die Steinwüste von der Sandwüste trennt, ein grimmiges Möbelstück, von bösartigen Göttern hier hingeknallt, um daran alles Übel dieser Welt zu besprechen. Die Landschaft ist grausam und hat Klauen, langsam schrauben wir uns in die Höhe. Tagounit. Wir steigen aus in den Sand. Tags zuvor hat es hier noch einen Sturm gegeben, so daß überall Dünen liegen, doch das einzige, woran wir denken, ist Kaffee, und so folgen wir dem französischen Lehrer, der uns zum Frühstück einlädt.

Er wohnt in der Kaserne, einem der niedrigen Gebäude, die mit großen Abständen um den respekteinflößenden Sandplatz liegen: das Haus des Oberst und des *kaïd*, eine kahle Tankstelle, die Gebäude des Souk, plumpe quadratische Türme, niedrige Mauern mit Zinnen: Staub und Sand, Sand und Staub, ein Mittelalter mit Berbern und Kamelen, abgesetzt in einer Ebene, in der kaum Menschen leben.
Im Zimmer des Lehrers ist es kühl. Die Wände sind weiß verputzt, ein niedriges Bett, ein Radio, ein Bord mit Büchern (eine deutsche Grammatik, ein Buch über Martinique, Krimis), wie lebt man in der Sahara? Er nimmt den Hut ab und wird kleiner, er stellt sein Gewehr in die Ecke und wird noch kleiner, klatscht in die Hände nach dem Hausjungen, setzt uns auf niedrige Holzbänke und sagt, daß er nie von hier fortwolle, nie.
Wir trinken Kaffee und essen süße Kekse, danach wird Monsieur Hamid unruhig und denkt an die Leute in M'Hamid, die auf ihn warten. Der Lehrer bringt uns zum Bus zurück, der jetzt bis auf eine verschleierte Araberin leer ist. Sie hat ihre *fatmah* (Dienerin) bei sich und die Handgelenke voll breiter goldener Armreifen.

Gelb ist es jetzt, die Welt liegt voller Sand, wir fahren lustlos hindurch, eine Oase mit Palmen, zwei Oasen mit Palmen und einem schmalen Weg, winkende Kinder, Frauen mit Wasserkrügen, der kostbare Brunnen, eine Ziegenherde, der Himmel in Brand und gegen Mittag M'Hamid, der letzte Verwaltungsposten vor Mauretanien. Dahinter hört die Welt auf, und weil wir eine Stunde Zeit haben, marschiere ich einfältig in das große weiße Loch hinein, das auf der Karte Sahara heißt. Meine Füße platschen in den Sand, hinter mir leuchtet das Grün der Oase, vor mir die endlose Ebene, in der man vor Durst ertrinken könnte. Ich fange ein vorweltliches kleines Panzertier, das hier schon Verwandte hatte, bevor wir erfunden waren; es sieht mich kalt an hinter seiner Maske, als wüßte es ganz genau, daß es uns überleben wird.

Das ist alles: Mehr gibt es hier nicht. Sand, der einige Kilometer weiter seinen Namen wechselt und dann Mauretanien heißt. Hinter uns, zwischen den drei Lehmmauern der Zivilisation, ruft der Bus, und gehorsam gehen wir wieder zurück über die feinen, weichen Riffel und Zeichnungen des Windes, und als wir uns umschauen, sehen wir, wie ebendieser Wind unsere unbedeutenden Fußstapfen wieder auswischt, wir sind nie hier gewesen. Am Horizont eine Karawane, aber wir glauben es nicht, und auf dem vor Hitze und Licht gellenden Vorhof des Forts der Autobus, der uns nach Tagounit zurückbringt, wo wir bis zum Abend bleiben werden.

Der Kamelmarkt ist in vollem Gang. Vorsichtig spazieren wir zwischen den großen Tieren durch, hochmütigen Gelehrten, die allesamt Heidegger gelesen haben und trotzdem noch heute geschlachtet werden.

Eines der Ungetüme wird auf die Knie gezwungen. Ich komme mir wie der Geistliche des Pariser Santé-Gefängnisses vor und versuche, Blickkontakt (den letzten!) mit dem Verurteilten zu bekommen. In seinen Augen liegt lediglich gutmütiger Spott. Was geht ihm durch den Kopf? Ein Vers aus den Upanishaden? Eine Zeile von Omar? Eine Notiz aus Kierkegaards Tagebuch? Wer vermag das zu sagen? Ein Mann in einer Dschellaba geht mit schnellen Schritten auf das Tier zu und stößt ihm einen kurzen Dolch in den Hals. Fontäne. Deutsche Lehrerin wendet den Kopf ab. *Kaïd*-Assistent lacht fröhlich. Sonne scheint auf das Blut im Sand. Zwei Männer beginnen sofort, das Tier zu häuten, und wenn das Sterben eines Kamels schon bewegend ist, vom Häuten wird es noch übertroffen. Mit jähen Ratschern fährt das Messer durch die Haut und legt rasend schnell ein hellblaues Plastikpaket frei, in das das Kamel unter dem Fell verpackt war. Ein Esel schleift den blauen Kadaver zu einer Reihe anderer Kadaver, und da liegen sie, hellblau und eßbar in der Sonne, wer will, kann sie kaufen.

Wir, die wir noch leben, setzen unseren Weg fort. Ich erstehe bei einer alten Schwarzen eisernen Schmuck für meine Frau, einen roten Saharastein an einer Schnur und ein schwarzes Gazellenhorn, ebenfalls an einer Schnur. Die schweren Silberarmbänder sind zu teuer. Monsieur Hamid versucht, was er nur kann,

doch die alten Frauen lassen sich nicht erweichen, so teuer ist es, und so teuer bleibt es. Recht haben sie.
Keine Silberarmbänder also. Dafür aber: einen Sack aus Ziegenhaar. Und: einen Salzbrocken, der aussieht wie Marmor und von einem halben Trottoir abgeschlagen werden muß, bevor ich ihn mitnehmen kann. Nicht: kleine Büschel grüner Kräuter. Auch nicht: all die anderen geheimnisvollen Dinge, die auf Matten und in rostigen Dosen liegen. Ganz gewiß nicht: die Schlappen aus derbem Leder, die mir nicht passen. Zum Glück aber: die Kette, die eine alte Tuareg-Frau um den Hals trägt, große grellgelbe Stücke polierter Bernstein, die sich abwechseln mit mattschwarzen Steinbrocken, die wundersam duften. Eine andere alte Frau muß ihr helfen, die Kette abzunehmen, und mit einem Anflug von Scham lege ich sie in meinen Sack, aber nachdem ich ihr das Geld gegeben habe, küßt sie mir die Hände und ruft mir noch alle möglichen guten Wünsche nach.
Wieder (wie lange bin ich hier schon?) waten wir durch den Sandplatz zu einem schmutzigen, schäbigen Gebäude, Lilis Café. Lili war früher sehr hübsch, aber jetzt hat sie es nicht mehr nötig. Lustlos sieht sie jeden Tag dieselbe erlesene Gruppe vor ihrer Theke erscheinen: den Oberst, Sonnenbrille, Stöckchen, Lederhandschuhe, den Palmenpflanzer mit dem russischen Namen, der aussieht wie ein uneheliches Kind von Heinrich VIII., den Lehrer, der sich mit seinem Hut wieder größer gemacht hat, aber trotzdem im-

mer der Kleinste bleiben wird, und zum Schluß, nach dem Doktor, *son excellence*, den *kaïd*, einen tadellos gekleideten jungen Mann mit einem sanften, wohlwollenden Lächeln und einem Tropenhelm aus Paris.

Bin ich wirklich dort gewesen? Habe ich wirklich dort gestanden und mit dem Oberst und dem *kaïd* gesprochen, die für immer dort bleiben müssen, für immer? Habe ich die Hitze des Sandes gespürt? Habe ich beim Kalifen gespeist, ein endloses Essen mit verbotenem Whisky vorab, auf niedrigen Kissen unter dem Porträt des Königs – und keiner wußte, was er sagen sollte? Dann und wann schaue ich, seit ich zurück bin, wieder auf diese Karte: *Michelin Nr. 171 Maroc Sud*. Ich lese die Namen, Zagora, Tagounit, M'Hamid, Hammada du Dra. Unterhalb von M'Hamid läuft eine gepunktete Linie: *Piste non automobilisable*, wo führt sie hin?

In meinem Notizheft steht deutlich: »boullam hamid cheufere la C. T. M., marrakech medena moroc«. Ich bin also dort gewesen, Monsieur Hamid hat seinen Namen aufgeschrieben. Kasbahs, Dschellabas, *hommes bleus*,[1] Kamele, der Geruch von Blut, in den Hals gewehter Sand, Pässe und Berge, die Stimme des Muezzins, *Allah akbar, la illah, illah Allah*, Soldaten mit Karabinern, unter dem Schnee des Mondes gefrorene Straßen, die Nacht stiller als irgendwo sonst auf der Welt, der Schatten eines Adlers, jüdische Frau mit Rose zwischen den Augen in der Mellah von Ouarzazate, bin ich dort gewesen? Oder bin ich nicht dort gewesen?

20. August 1960

1 *hommes bleus* (blaue Männer): französische Bezeichnung für die Tuareg; die Männer dieses Berbervolkes verhüllen Kopf und Gesicht mit indigofarbenen Tüchern.

Lady Wright und Sir Jawara,
eine Schiffsreise auf dem Gambia

I

Um allen Mißverständnissen vorzubeugen: Gambia ist ein Land und heißt so nach dem gleichnamigen Fluß. Es liegt in Afrika, aber da liegen schon so viele Länder, von denen kein Mensch gehört hat, beziehungsweise von denen keiner weiß, wo sie liegen. Dieses Land, von dem nie einer gehört hat, ist als merkwürdige, englischsprachige Enklave im Süden des französischsprachigen Senegal gefangen und wird von einem sehr breiten Fluß mit, wie üblich, zwei Ufern gebildet. An diesen Ufern und teilweise auch auf dem Fluß lebt die Bevölkerung Gambias, gut vierhunderttausend Menschen, in etwa die Bevölkerung, die Surinam hätte, würde sich das Land nicht langsam leeren. Es ist heiß dort, und die Menschen leben vom Erdnußanbau: Unilever weiß Bescheid. Ansonsten ist das Land unabhängig, sofern es so etwas auf dieser Welt gibt, hat keine Armee, was selten vorkommt, kein Fernsehen, was sehr beruhigend ist, nur eine Zeitung, die dreimal die Woche erscheint, sowie ein Parlament, das alle zwei Monate zusammentritt, und damit ist Gambia eine Demokratie. Ausländische Zeitungen sind erst nach gründlicher Vergilbung erhältlich, der Rundfunk strahlt in Wolof, Manding, Ful und angeblich auch in englischer Sprache aus, das heißt, jemand, der sich vorübergehend von der Welt verabschieden will, weiß jetzt, wohin er fahren muß. Es gibt Straßen, davon 200 Kilometer asphaltiert, es gibt keine Zeitungskioske und außerhalb der an der Küste liegenden Hauptstadt auch keine Hotels. In ein englisches Pfund gehen vier Gambia-Pfund, die man auch Dalasi nennt und die in jeweils hundert Bututs aufgeteilt sind. Warum bist du dort hingefahren, fragen meine Freunde, als sie begriffen haben, wo ich gewesen bin, aber das ist es ja gerade: Ich bin überhaupt nicht dort hingefahren, ich bin hingekommen. Ich wollte in die Spanische Sahara. »Wollte« ist hier gebraucht wie in Nijhoffs berühmtem Gedicht: »Ich wollt' einen Tag zum Angeln geh'n.« Ich wollte also in die Sahara, und ein Geleitbrief, der von den dortigen Militärbehörden verlangt wird *(salvoconducto)*, sollte in einem Ministerium in Madrid für mich bereitliegen, aber er lag nicht da und sollte dort auch fürs erste nicht liegen. Der März in Madrid ist kalt und unfreundlich. Was nun?

Die Spanische Sahara fiel also aus. Ich wollte dorthin im Zusammenhang mit den Ansprüchen, die Mauretanien auf dieses Gebiet erhebt. Um ein mauretanisches Visum zu bekommen, hatte ich mir in der Botschaft in Brüssel stundenlang einen Vortrag über das Licht bei Rembrandt anhören müssen, den ein äußerst poppig gekleideter, nach allen Regeln der Kunst fabrizierter Mauretanier hielt, der, wie man hören konnte, das Pulver nicht erfunden hatte. Er bat mich, mir einen Augenblick lang den großen *afrikanischen* König Tutanchamun vorzustellen.

»Ja? Haben Sie ihn vor sich gesehen? Die edlen Züge? Das wahrhaft Königliche seines Gesichtsausdrucks? Genau! Und vergleichen Sie das jetzt mal mit *Ihrem* großen König, der sich *ebenfalls* Sonnenkönig nannte, ja, genau. Ludwig der Vierzehnte!

Aber der, Monsieur, der pißte in Versailles hinter die Sessel ... den Gestank riecht man ja heute noch im Trianon!«

Mein Visum bekam ich im übrigen auch nicht, trotz des Lichts bei *Rambran*, denn er fand meinen Paß »zu voll«.

Ich sagte, das sei bürokratisches Gelaber, und er sagte, das hätten sie von uns gelernt. Aber als ich am nächsten Morgen mit einem funkelnagelneuen, bei der niederländischen Botschaft besorgten Paß, so leer wie eine Wiege vor der Geburt des ersten Kindes, wieder in der Botschaft der Islamischen Republik erschien, bekam ich immer noch kein Visum. Nach endloser Warterei bin ich dann gegangen.

In Madrid beginnt es zu regnen. Die Sahara will mich nicht, Mauretanien will mich nicht, und hier ist es kalt. Mein Ticket geht über Las Palmas. Ich werfe einen Blick auf die Weltkarte, die der Bequemlichkeit halber im Schaufenster der British Overseas Airways hängt. Neben mir ruft ein Losverkäufer, dies sei meine letzte Chance. Das Gefühl habe ich auch. Die besten Entscheidungen werden in den Niederlanden um fünf vor sechs und in Spanien um fünf vor acht (Ladenschluß) getroffen. In mir ist große Sehnsucht nach Afrika hochgekommen. Geht morgen ein Flugzeug von Las Palmas nach Dakar? (Dort sehen wir dann schon weiter, und Dakar war meine erste Afrikaerfahrung. Heimweh!) Si, Señor, es gibt zwei Maschinen nach Dakar, aber sie sind beide voll.

Da sehe ich auf der großen Karte gleich unterhalb von Dakar noch einen anderen Ort. Bathurst! Bathurst? Gibt es auch eine Flugverbindung nach Bathurst, Señorita? Das heißt jetzt Banjul, Señor. Oh. Gibt es auch eine Flugverbindung nach Banjul? Si, Señor, eine pro Woche, die British Columbian, von Las Palmas, morgen. Das Schicksal hat wieder einmal zugeschlagen. Per Telefon organisiert sie, es ist jetzt eine Minute vor acht, eine neue Episode in meinem Leben. Ohne sie hätte ich nie das *Gambia News Bulletin* gelesen, nie gepfefferte Austern gegessen, nie Mr. Dembo kennengelernt, und ich wäre auch nie bei vierzig Grad Hitze verhaftet worden, weil ich nicht schnell genug von meinem Fahrrad abstieg, als Sir Dawda Jawara vorbeikam. Ganz zu schweigen von Lady Wright.

Aber noch ist es kalt, dunkel und Europa. Keine vierundzwanzig Stunden später schwebt ein Flugzeug über der verbotenen, verbrannten Sahara, und darin sitze ich. Es fliegt an der afrikanischen Küste entlang nach Süden bis zu einer Stelle, an der breite Flüsse durch endloses Tiefland ziehen, und dort landen wir, gleichzeitig mit dem alles schwärzenden Abend. Es scheint, als fächelten die Lichter des Flughafens auf merkwürdige Weise, und als wir gelandet sind, sehe ich, daß es tatsächlich so ist. Es sind bläulich brennende Fettöpfe. Willkommen.

Bäume, die priesterlichen Schatten von Baobabs, ein Grüppchen schwarzer Leute an einem Zaun, ein Feuerwehrauto, das neben uns hereilt, die weißhäutigen schottischen Stewardessen, die schon nicht mehr dazugehören, die künstliche Luft in der Maschine, die ich gleich gegen die laue, warme Luft des tropischen Abends eintauschen werde. Mir wird bewußt, daß ich wenig von Gambia weiß, außer daß es von Königin Victoria, die auch nie dort war, als »such a darling little place« bezeichnet wurde, und daß es laut meinem Nachbarn, der ebenfalls noch nie einen Fuß dorthin gesetzt hat, lediglich ein Hotel in der Hauptstadt gibt, wo »man hinkann«. Dorthin mache ich mich also auf, nach dem Paßkampf und dem Kofferkampf fahre ich in einem hellblauen R 4 nach Banjul. Heiße und kalte Luftlappen fliegen abwechselnd ins Auto herein – die Abende am Meer, lerne ich später, können sehr kühl werden. Es ist bereits dunkel, ich sehe kleine Feuer, Menschen darum herum, aus dem schwarzen Abend herausgemeißelte schwarze Baumgruppen, mehr nicht. Heute morgen um sechs war ich noch in Madrid, und ich weiß, daß keiner meiner Anverwandten weiß, daß ich jetzt an diesem merkwürdigen Ort bin, und das kratzt mich richtig auf. Ein bißchen nicht dazusein ist reizvoll. Als müder Herr in einem Taxi zu sitzen in einem Land, von dem niemand etwas weiß, ist genauso, als spiele man eine Rolle. Man ist in letzter Sekunde für jemanden eingesprungen und kennt das Drehbuch noch nicht. Der Taxifahrer versucht, es gleich zu ändern. Er findet, ich solle nicht ins empfohlene Atlantic Hotel, sondern ins Apollo. Das sei viel billiger. Ich bekomme Visionen von Kakerlaken, Mücken und schlaflosen Nächten und sage, daß ich ins Atlantic will. »Apollo, small price«, sagt er, »many white people«, er kennt seine Pappenheimer. Doch ich glaube, daß er einen Deal mit dem Apollo hat, und bleibe stur. Am nächsten Tag ziehe ich natürlich doch ins Apollo um, und dafür hat er mich noch oft ausgelacht; in Banjul begegnet man ständig denselben Taxifahrern.

Der sehr schwarze Mann am Empfangstresen strahlt große Kühle aus. Ja, es seien noch Zimmer frei. Als ich sage, ich fände es teuer (»Haben Sie kein billigeres Zimmer?«), sagt er, es gebe ja noch das Apollo. Aber jetzt muß und werde ich hier schlafen. Während er langsam meinen Paß abschreibt, sehe ich in einem kleinen Holzkasten ein von einer Matrize abgezogenes Blatt: *The Progressive Newspaper*, no. 664 (»WE PURSUE THE TRUTH, published twice weekly, price 13 bututs«). Ich tätige meine erste gambische Anschaffung, und kurz darauf sitze ich zwischen den kahlen Steinwänden meines Steinzimmers, lausche der eintönigen Ballade der Klimaanlage und lese einen flammenden Protest gegen das Nichteinladen »unserer südkoreanischen Freunde« zum Beiwohnen der Parade am Unabhängigkeitstag, was »gegen alle Regeln der Etikette bei einem so historischen Ereignis« sei. Verbum sat sapienti, endet der Artikel bedeutungsvoll, und obwohl ich nicht weiß, ob viele Leser das verstehen, ist eines klar: Ich befinde mich noch immer inmitten der menschlichen Rasse. Immer am anderen rumkritteln, egal, wohin man kommt.

Ich wasche den Dreiländerstaub ab und gehe ins Freie. Es raschelt, und es riecht, ein wenig sumpfig, morastig. Links von mir liegt der Fluß, der hier mehrere Meilen breit ist. Kein Licht zu sehen. Gehen, gehen. Marine Parade. Government House, ein weißer kolonialer Schemen. Zwei schwarze Wächter davor, die mir bedeuten, daß ich nicht einfach daran vorbeigehen darf, sondern einen lockeren Sandpfad nehmen muß, der näher am Fluß liegt. Der Tennisclub, der Albertmarket, Nigeria Airways, Mahoney's Cinema, ein Film mit John Wayne. Warum nicht. Buckle

Street, Orange Street, Lemon Street. Ich höre meine Schuhe auf dem Asphalt zwischen dem Schlurfen von Schlappen, dem Klatschen von Sandalen und dem leisen Patschen nackter Füße. Am sandigen Straßenrand sitzen hier und da Gruppen von Männern mit sehr großen Dame- und Tricktrackspielen. Sie sitzen und liegen im schwachen Licht, aus ihren Mündern plätschert eine fremde Sprache, die mich ausschließt, wieder einmal bin ich ein Fremdling. »Hey friend«, ruft ein Junge und winkt, als ich winke. Alles ist sehr still und sehr ruhig. Hin und wieder zeigt eine Neonpfütze ein wenig mehr. H. R. Carrol & Co., Shyben A. Madi & Sons, düstere Läden mit Stoffen und Koffern, doch meist läßt das gelbliche Licht alles verschwimmen und verfließen, und das paßt ausgezeichnet zu meiner Stimmung. Morgen wird alles ein Gesicht bekommen. Durch immer dunklere Straßen finde ich mit Mühe zurück zum Hotel. In der Dusche macht mein einundvierzigjähriger Körper einen tödlichen Salto rückwärts über etwas Schmieriges und bleibt über dem steinernen Beckenrand liegen. Kein Blut, nichts kaputt. Es ist also kein Zufall, ich bin hier tatsächlich zu einem bestimmten Zweck. Ich lese ein Gedicht von Tibull (»Do not hurt me Goddess, I have done nothing to deserve it«) und gehe schlafen. Draußen höre ich einen Ruf, den ich sonst nie höre, und mit ihm entschwebe ich.

Kaffee, ein paar Körnchen Zucker, ein paar Krümel Brot, Bougainvillea, Frangipani, Hibiskus, flirtende Akazien über der Terrasse, das grüne Leuchten des Flusses, so beginnt der Tag. Was nun? Ich bin hier ohne Mission, ausschließlich mit dem Auftrag von mir an mich, hier zu sein. Was aber bedeutet das, irgendwo zu sein? Das gleiche wie immer, nur woanders, und dann mit weitgeöffneten Kameras und Recordern, angeschlossen an die leere Vorratskammer, in der aus Bildern und Geräuschen Erinnerungen gemacht werden.

Doch in diesen Luxus muß Methode gebracht werden. Es ist natürlich wunderbar, durch die wenigen heißen Straßen der Hauptstadt zu flanieren und sinnliche Erfahrungen zu sammeln, doch am Ende hat man dann immer noch nichts als den Niederschlag von Gemütserfahrungen und dazugehörigen Vermutungen. Nein, eine Methode muß her. Zum Beispiel diese: Ausländischer Journalist möchte den Präsidenten interviewen. Am direkten praktischen Nutzen sind Zweifel erlaubt – niemanden in den Niederlanden wird ein Interview mit dem unbekannten Präsidenten eines unbekannten Landes vom Hocker reißen.

Und doch, der lange Gang durch das baufällige Treppenhaus eines bürokratischen Apparats kann unerwartete Aspekte an den Tag bringen, sofern man nicht ganz oben beginnt. Also tue ich an jenem Freitagvormittag den ersten Schritt auf dem Weg zum

Präsidenten, den ich letzten Endes nicht erreichen werde, aber darum ging es auch nicht: Das Schauspiel auf dem Weg dorthin ist der heimliche Zweck. Soll die Methode Erfolg haben, will eine wichtige Voraussetzung erfüllt sein: Man muß sich mit aller Inbrunst wünschen, den Präsidenten zu sehen, sonst haben sich die Qualen unterwegs nicht gelohnt.

Die einzigen ausländischen Touristen, die nach Gambia kommen, sind Schweden. Ein unternehmungslustiger Schwede hat zwanzig Kilometer von der Hauptstadt entfernt drei flache Hotels an der wilden Ozeanküste hingestellt, über denen allwöchentlich ein neues Flugzeug mit Schweden ausgeschüttet wird. Dafür fliegen sie acht Stunden, bezahlen nicht viel mehr als tausend Mark für Flug und zweiwöchigen Aufenthalt, und die Folgen für Gambia sind nicht ausgeblieben. Zum großen Ärger der verbliebenen Engländer, die oft schon seit einem Vierteljahrhundert oder noch länger in Afrika leben, wird jeder Europäer unabänderlich auf schwedisch angesprochen, »Hej du Svenska!« Und ferner haben die schwedischen Damen, ohnehin in der Mehrzahl, eine markante Vorliebe für einen etwas innigeren Kontakt mit den vielen jungen Gambiern, die in den Hotels und in ihrer Nähe herumschwirren. Das fördert die Verbrüderung, wenn nicht sogar die Verväterung, doch die Hüter der örtlichen Moral betrachten das als schweren moralischen Verfall. Für die betroffenen jungen Männer ist es eher ein Nebenverdienst und der mühelose Zugang zu den den Hotels angeschlossenen Nachtclubs. So hat die große Welt in Gambia Einzug gehalten, und nicht jedem gefällt das, oder, wie der Taxifahrer es ausdrückte: »Him no good. Gambia girl no go with him. She know his family. Is no good. Swedish girl she do not know. She come she go.«

Eigens für die Schweden hat man auch einen kleinen Touristenmarkt angelegt, auf dem buntgefärbte Stoffe, Hemden und Hüte zum Kauf aushängen. Inmitten all dieses fröhlichen Geflatters steht ein Kiosk, in dem eine schöne, träge Frau über die Informationen waltet. Ich erstehe einen Stadtplan und eine Landkarte, ein kleines Buch über zehn Jahre Unabhängigkeit sowie die Nationalhymne (»For the Gambia, our homeland / We strive and work and pray / That all may live in unity / Freedom and peace each day«) und einen Band über Vögel. Zum Präsidenten aber kann sie mir nicht verhelfen, dazu muß ich ins Ministerium am McCarthy-Platz. Das ist nicht weit, doch der Tag schreitet voran, und mit jeder Minute scheint es heißer zu werden. Schatten bedeutet nur, daß einem die Sonne nicht ins Gesicht brennt, doch die Last des heißen Tuchs auf den Schultern wird immer schwerer. Auf den Stufen zum Ministerium sitzt eine große Menschenmenge. Sie rufen alle »Hej du Svenska« und verkaufen Plastikvögelchen, Zigaretten, Kolanüsse, Erdnüsse und kleine saure Apfelsinen.

Die Stimmung ist friedlich. Der Platz selbst ist ein grünes Meer aus englischem Gras, ein endloses Krikketfeld, umringt von kolonialen Holzbauten. Schließe die Augen halb, Reisender, schalte um auf Sepia, und es ist *tempo doeloe*[1] – die Kricketspieler schwärmen über das Feld aus, es wird 1920, 1910, 1890, ein paar Uniformen ändern sich, etwas mehr weiße Gesichter kommen hinzu, sonst aber bleibt alles dasselbe: Die Wolof, Malinke, Fulbe, Soninke sehen noch immer gleich aus, die Zeiten mögen sich geändert haben, der Federbusch auf dem Helm des Gouverneurs ist verschwunden, doch geblieben sind die Hitze, der Fluß, die Stämme und die Armut. Unabhängige Hitze, unabhängiger Fluß, unabhängige Armut.

An zwei schwarzen Mercedeslimousinen mit Fähnchen und einem Polizisten mit schwarzen Knien über dunkelblauen wollenen Kniestrümpfen vorbei gelange ich zu einem Schalter. An welchen Schalter müßte man sich in den Niederlanden wenden, wenn man die Königin sprechen will? Während ich im Sonnenlicht darüber sinniere, winkt jemand mich herein. Drinnen herrscht der reinste Saustall, soviel ist sicher, denn ich erkenne sofort: Hier sieht es aus wie in meinem eigenen Arbeitszimmer. Nichts ordentlich weggeräumt, alle Zeitungen durcheinander, keine richtigen Schränke, nie etwas zu finden, alles auf-, über- und ineinander, Briefe, Formulare, auf Stühlen, Tischen, dem Boden. Drei Menschen sitzen da und arbeiten, so nenne ich es auch immer. Einer tastet fruchtlos in einem Stapel alter Briefe, ein Mädchen, deren Schönheit mich auf der Stelle versengt, spricht in hohem Singsang in ein Telefon, in dem zweifellos ein Liebhaber versteckt ist. Sonst passiert vorläufig nichts. Ich schiebe ein paar Zeitungen beiseite *(Peking lends Gambia 28 million Dalasis)* und harre dessen, was da kommen mag. Der Ventilator an der Decke wirbelt lose herumliegende Briefe herum, Menschen nähern sich, betrachten mich, als überlegten sie, ob sie mich kaufen sollen oder nicht, und verschwinden wieder, ohne etwas ausgerichtet zu haben. Langsam beschleicht mich das Gefühl, immer das gleiche, daß das alles nicht wahr ist. Ich sitze da gar nicht. Dies ist das Stück eines afrikanischen Pinter, für das sie mich für viel Geld engagiert haben. Gleich ist Pause, dann erheben wir uns alle, taxieren den Applaus und gehen in der Kantine ein Bier trinken.

Nichts von alledem. Am entferntesten Schreibtisch erwacht jemand aus tiefer Träumerei, ändert noch schnell etwas an der vor ihm liegenden Relativitätstheorie und kommt graziös auf mich zu.

Was ich hier wolle?
»Den Präsidenten interviewen.«
Ich hätte genausogut sagen können, ich wolle die handschriftliche Partitur von Beethovens Neunter einsehen.
»Oh, I see. Then you must speak to Mr. N'Jie.«

Aber Mr. N'Jie ist nicht da. Mr. N'Jie und ich sind kommunizierende Röhren: Sobald ich ins Büro gegossen werde, blubbert er hinaus. Und so beginnt eine wunderliche Scharade von Begegnungen, Verabredungen, Warten auf dem Flur, einem anderen Flur, wieder andere Herren, von denen einige ebenfalls N'Jie heißen. Unterdessen sammle ich Matrizenabzüge und mache meine Hausaufgaben. Wenn auch nur irgend etwas Tragisches an der Sache gewesen wäre, hätte ich mit Kafka ankommen können, Herr verirrt sich in hundert Amtsräumen, aber es gibt nichts Tragisches daran, es ist der zu lange Anfang eines Films ohne Plot, ich streife von Büro zu Büro, lege hier und da bescheiden ein paar Geldscheine hin, lausche großen Träumen, lerne, wer zu welchem Stamm gehört und daß sie das anderen oft auch nicht ansehen können, reiche eine englische Fragenliste für His Excellency ein und stakse so auf dem gambischen Schachbrett umher, vor und zurück, hin und her. Es ist lehrreich. Die Außenwelt habe ich allmählich vergessen, es gibt nur die heißen, staubigen Straßen, den Speisesaal des Hotels Apollo, mein kleines Steinzimmer mit der Aussicht auf den Fluß, auf dem unter dreieckigen Segeln die Erdnußboote aus dem fernen Binnenland vorbeifahren. In manchen Stunden hängt der leichte Pestgeruch der offenen Kloake in der Luft, und jeden Morgen werde ich sehr früh wach, wenn die ersten Menschen Wasser an der Pumpe unter meinem Fenster holen.

Die Zeitungen im British Council sind über einen
Monat alt, und das einzige Buch, das ich in dem unterernährten Buchladen über Gambia gefunden habe, ist
das *Official Handbook of the Gambia Colony and Protectorate* von 1906. Nichts, was nicht darin steht. Jeder
Name, jeder Betrag, jedes Verfahren, das Gehalt eines
jeden, alles. Unter dem Stichwort BRIEFKÄSTEN:
»Es gibt keine Briefkästen in der Kolonie und im Protektorat.« Eine Wahnsinnslektüre. So also funktioniert ein Weltreich. Es gibt keinen Zufall. Irgendwann einmal hat jemand alles ausgerechnet. Ein Telegramm von Bathurst nach St. Helena kostet drei
Schillinge. Jeremiah Collingwood, Sergeant Major
der Polizei, »accompanied Sir Alfred Maloney, Sir
James Shaw Hay and Sir Gilbert Carter on several
missions in the hinterland«, ist seit 27 Jahren und 5
Monaten in der Kolonie und verdient 100 Pfund im
Jahr. Die Schiffe der Kolonialregierung brachten
1903 366 Pfund, 1 Schilling und 6 Pence weniger
als geschätzt ein. Ein Brief nach Wei-Hai-Wei, zu
den Cayman Islands und nach Fidschi kostet 1 d.,
und Berichte über verabreichte Peitschenschläge sind
in zweifacher Ausfertigung der Admiralty vorzulegen. 364 Seiten absolut vergangener Vergangenheit,
alles einmal wahr gewesen. Beim Lesen eines solchen
Buches verfällt man von Heiterkeit in Melancholie
und umgekehrt, doch wenn man hinausschaut auf
die ärmliche Stadt, die in einer Art Knick des riesigen
Flusses liegt, wenn man an die einzige Asphaltstraße

denkt und daran, daß es hier an ungefähr allem fehlt, dann fragt man sich doch, was die Engländer hier die ganze Zeit getrieben haben. Und das wird wohl auch die Antwort sein: nicht besonders viel, nur Handel mit Erdnüssen.

Der Außenminister von Sierra Leone ist eingetroffen, und der Gouverneur der Zentralbank ist zu einer Sitzung der Westafrikanischen Subregionalen Kommission des Zusammenschlusses Afrikanischer Zentralbanken in Lagos gereist. Foday Kabba Jatta aus Sutokoba ist als Chef des Wuii Districts entlassen worden, im Roxy läuft *Le Sherif* mit Virginia Mayo, und die Sonne geht, wie gestern und morgen, um 19.17 Uhr unter. Ich habe wieder an Tisch 13 gespeist, den Namen von drei Bäumen notiert (Neem, Casuarina und Keseng-Keseng), habe im Ozean geschwommen, bin mit dem Leihfahrrad auf dem schmalen Weg durch die Mangrovensümpfe zur Küste gefahren und war rechtzeitig im Hafen, um zu sehen, wie die tausend Krähen sich auf dem kahlgefressenen Baum niederlassen, auf dem sie jeden Abend schlafen. Ein paar Leute stehen bei einem seltsam heruntergekommenen weißen Schiff herum. Es heißt *Lady Wright*, hängt ein wenig komisch mit dem Heck im Wasser, die Farbe ist abgeblättert, und es ähnelt der *African Queen* von Humphrey Bogart. Ein würdevoller alter Schwarzer mit silbernem Lametta im Haar ruft mir von der Reling her zu:

»You want to come on de ship?«
»Where does she go?«
»Up de rivvah! To Bassé!«
Wieder im Hotel, schaue ich auf die Karte. Der Fluß schlängelt sich weit ins afrikanische Binnenland. Bassé liegt an der Hintertür Gambias, ungefähr vierhundert Kilometer von Banjul entfernt.

»Very, very hot«, sagt Mr. N'Jie mitleidig, als ich ihm meine neuen Wünsche vortrage. Dafür ist dieser wesentlich einfacher zu erfüllen als der Präsident. Man kann ihn kaufen. Wir gehen am Nachmittag danach gemeinsam zur Ports Authority. Dieser Mr. N'Jie ist sehr groß und ausgestattet mit scharfgeschnittenen aristokratischen Gesichtszügen. Er ist gerade zurück von einem Amtsbesuch in Dakar. Verglichen mit Dakar, einer turbulenten, mondänen, mediterranen, irrsinnig teuren Stadt mit internationalem Tourismus ist Banjul Kleinkleckersdorf. Mr. N'Jie hat jedoch kein gutes Wort dafür übrig. »They have lost their African character. They are like copies of the French.« Die große Angst der Englisch sprechenden Gambier ist, von den Französisch sprechenden Senegalesen geschluckt zu werden. Mr. N'Jie ist Wolof, und ich frage ihn, ob er, wenn er in einem senegalesischen Ministerium andere Wolof trifft, sich mit ihnen auf Wolof unterhält. Das tut er, denn Senegalesen seien zu hochmütig, um Englisch zu sprechen. Europa hat seine Spuren hinterlassen.

Das Schiff soll am nächsten Tag ablegen. Es braucht, falls die Maschinen durchhalten, drei bis vier Tage für die Strecke. Die Rückreise wird vom President of the Transport Union, Mr. Daddy Soul, organisiert, und wenn ich zurückkomme, geht die Sache mit dem Präsidenten bestimmt klar. Daddy Soul läßt mich im voraus bezahlen, einen nicht unerheblichen Betrag, doch dafür werde ich dann von Bassé mit einem Peugeot nach Banjul gebracht, und ich darf haltmachen, wo ich will. Das Besprechen dieser gewichtigen Vereinbarung dauert eine Stunde, aber danach habe ich auch die gesamte Gewerkschaft hinter mir. »You must buy something for de mosquitoes«, sagt Daddy Soul, während er mir ausgiebig die Hand schüttelt, »and you must take de medicine. Ah, and it will be very, very hot.« Langsam glaube ich es.

Am nächsten Tag besteht das größte Problem darin, an Bord zu gelangen. Das Schiff ist unsichtbar geworden unter einer Pyramide aus Menschenfleisch, gespickt mit Gepäck. Eine Gangway gibt es nicht, doch neben dem Ruderhaus steht, wie eine Bake, der silberhaarige Schwarze, der mich vor ein paar Tagen so freundlich eingeladen hat. Er bedeutet mir, wie ich mit einem eleganten Schritt aus der Hohen Schule an Bord gehen soll. Ich kämpfe mich durch die schreiende, schwitzende, aber gutmütige Menge, vorbei an Körben mit gesalzenem Fisch, Matratzen, Kisten mit Salz, Stapeln Tongeschirr, Kindern, Matrosen, Nußverkäufern, Säcken, Holz, Fahrrädern und einer

Katze die menschenbreite Treppe zum Erste-Klasse-Deck hinauf. Dort wartet Mr. Dembo auf mich, mit sonnensprühendem Engelshaar. Er ist der Chief Steward und weist mir meine Kajüte zu, die ungefähr so groß ist wie ich selbst. Die Bettwäsche ist grau und voller Flecken. »Dey are clean sheets«, sagt Mr. Dembo zufrieden, und wer bin ich, daß ich ihm widersprechen würde? Über die Holzmole treibt ein trauriger Pfeifton, und ich spüre eine heftige Bewegung auf dem Schiff, als wollten alle gleichzeitig hinein oder hinaus. Als ich aus meiner Kajüte trete, sehe ich, daß es so ist: Alle wollen gleichzeitig aufs Schiff und vom Schiff hinunter. Wir haben Schlagseite. Ein Teil der kunterbunt aufgestapelten Kisten, Körbe und Säcke beginnt zu rutschen. Panik. Jemand bekommt ein ausgewachsenes Ehebett auf den Kopf. An Deck steht ein Grüppchen verwaister Weißer und schaut zu. Immer mehr Menschen kommen von allen Seiten angerannt, Frauen in prächtigsten Gewändern, umhängt mit Kindertrauben, Lastenträger mit Ladung, die unmöglich noch Platz finden kann, aber vergiß es: Alles geht hinein, und immer noch mehr.

Ein geheimnisvoller Bote aus der Unterwelt nähert sich, Flügel aus Staub an den gemeißelten Füßen. Er wedelt mit einer Handvoll rosafarbener Blätter. Die Menge weicht, und er wirbelt aufs Schiff. Der Kapitän sieht sich die Papiere an und gibt ein Zeichen. Drei Stöße auf dem Signalhorn. Tief unten im Schiff

seufzen die Maschinen. Ein Zittern durchfährt uns. Jeder, der nicht mitwill, rettet sich von Bord.
Head slow starboard! Half ahead!
Go two ahead slow. Steady as you go. Full ahead!
Viermal geht die Glocke, wir weichen langsam vom Kai und lassen die weinende, grinsende, rufende Menge zurück, die rasch klein wird und wie ein Büschel menschliches Schilf am fernen Ufer verschwindet. Mit der letzten losgeworfenen Trosse ist auch die Verbindung zur Welt gekappt. Ein Schiff ist ein begrenztes Universum mit eigenen Gesetzen und Zeiten, und die treten jetzt in Kraft. Neben mir, auf einem ebenso klapprigen Gartenstuhl wie meinem, sitzt ein Großmächtiger aus dem Landesinneren, der mich im Verlauf der nächsten Tage immer wieder mit seinem breitgefächerten Sortiment verblüffender Kopfbedeckungen in Erstaunen versetzen wird. Heute trägt er eine grüne Jägermütze und gelbe Schlappen. Sein Kopf ist breit, mongolisch und mit dem Schnurrbart des Pythagoras geziert: einem schwarzen Dreieck, das mit der spitz zulaufenden oberen Ecke in seine Nase zeigt. Sein Lächeln ist wie Karamel und verschwindet nicht einen Augenblick. In der Armbeuge hätschelt er sein Transistorradio wie ein kleines rechteckiges Kind. Ein Polizist in Pfadfinderuniform bewacht unser Deck, hält Ausschau nach Eindringlingen, Gott sei Dank vergeblich. Möwen schreien, beide Ufer hüllen sich in Schleier, es ist leicht diesig, ich sehe Schemen von Frauen am nörd-

lichen Ufer, das Ganze erinnert an Turner. Ruhe senkt sich kiloschwer auf uns herab, leises, pflügendes Duckduckduck und eine Tasse ebenholzfarbener Tee von Mr. Dembo, anrückende Dunkelheit, meine Seele rollt sich in ihrem Korb zusammen und ist zufrieden.
Erst als die Glocke zum Abendessen scheppert, sehe ich meine Reisegefährten auf diesem Narrenschiff beisammen. Ein buntes Sammelsurium. Eine rotblonde dänische Kosmetikerin. Ihr Freund, ein Schlosser, sowie zwei weitere Dänen, die ein trauriges Leben in Grönland fristen. Der eine ist so glücklich, jetzt nicht dort zu sein, daß er keine Sekunde lang aufhört zu lachen. Der andere täte das vielleicht auch gern, doch sein Gesicht ist von der Sonne so malträtiert, daß es aussieht wie eine Wurst. Der Alkohol wird uns für den weiteren Verlauf der Reise vereinen. Dann ist da noch Mother Denmark, eine Frau, gebaut aus Material für drei. Ihre riesige Gestalt flößt sogar dem Kapitän, selbst auch nicht gerade klein, gewaltigen Respekt ein. Sie filmt alles, was es zu filmen gibt, und für die dunklen Stunden hat sie ein Tonbandgerät. Ein glücklicher Mensch. Drei Schweden vervollständigen den skandinavischen Teil. Ein fröhlicher Camper, der kein Wort Englisch spricht und innigen Kontakt zu einer jungen afrikanischen Mutter aufnimmt, die höchstens vierzehn sein kann. Eine schwärmerische Frau aus dem Norden, die schon überall war und überall auf Magisches und Mystisches

gestoßen ist, über das sie mit einem Akzent wie dem Ingrid Bergmans in *Orient Express* predigt (»Zoos sings can not be explained. You see ze needul go sru ze hand and come out at ze ozzer said. No blud. No peen. It is madschik«), und ein alter, sehr dicker Wikinger, der während der ganzen Reise nichts sagt, nur Krimis liest. An meinem Tisch sitzt noch ein amerikanisches Mädchen vom Peace Corps, das die nächsten zwei Jahre in einem Dorf am Fluß, fern von allem, verbringen wird, um ein Labor aufzubauen. Sie wird von einem Gambier begleitet, der ihr Manding beibringen soll. Sie ist von einer rührenden Ernsthaftigkeit und lernt unentwegt. In Kürze, wenn wir alle wieder zu Hause sind, wird sie in der Bullenhitze dieses Dorfes sitzen. Dann wird sogar Banjul, fern und unerreichbar, eine verlockende Stadt sein. Sie muß gemäß den Regeln des Corps mit einem möglichst niedrigen Gehalt auskommen: 160 Dalasi im Monat, und sie sieht aus wie der Anfang eines Romans, der ein böses Ende nehmen könnte. Die beiden afrikanischen Studenten dagegen, die die Hälfte der Reise mitmachen werden, haben völlig entgegengesetzte Wünsche: weg, weg nach Schweden, und zwar so schnell wie möglich. Aber es gibt noch mehr Romane an Bord. Als wir alle sitzen, bleibt ein winziger Tisch mit zwei Stühlen frei. Die Stühle sind schräg beiseite gerückt, und als diejenigen, die gleich auf ihnen Platz nehmen werden, erscheinen, versteht jedes Kind, warum. Hier kommt die vergangene Welt, englisch natürlich, groß, weiß, ungelenk und mit der Aureole eines Lebens in Tropenland. *Er* trägt eine dieser langen kurzen Hosen bis zu den rührenden Knien. Die gestopften Kniestrümpfe stecken in 1938 in der Bond Street erstandenen Tretern, der Wappenring am linken kleinen Finger befindet sich in vollkommenem Gleichgewicht zu den ausgebesserten Stellen an seinem Hemdkragen. *Sie* ist kräftig, in ein geblümtes Kleid gehüllt, und hat ein Gesicht, das Berge versetzen kann. Viele englische Hunderassen haben versucht, sich solche Gesichter zuzulegen, aber Menschen stehen sie immer noch besser.

Uns kann nichts mehr passieren: Krokodile werden das Feld räumen, das Schiff wird nicht untergehen und der Tee jeden Tag heiß sein. Mr. Dembo erfährt eine sofortige Metamorphose und ruft »Yes Sah! Very good Sah!«, als wolle er uns zeigen, daß es auch noch andere Weiße gibt als diesen Haufen wüster dänischer Biertrinker und Transistorschnüffler.

Die Mahlzeit kostet nichts, und das ist nur gut, denn wir bekommen auch kaum etwas. Die Hälfte der Ration wird wahrscheinlich bereits in der Küche verkauft, aber es ist eine gute Lektion in »How the other half lives«. Drei winzige Fleischstückchen, eine Ananasscheibe, durch vier geteilt, die Rückseite der Rückseite eines Fischs, und als die Dänen einen Nachschlag verlangen, bekommen sie noch einen Löffel Reis.

Mit meiner Tasse Nescafé in der Hand tappe ich wieder an Deck. Tappe, denn alle Lichter sind gelöscht. Das Schiff fährt in vollkommener Dunkelheit, kein Headlight, kein Searchlight, nichts. Nach einer Weile sehe ich die ölige Fläche des Flusses, und nach einer weiteren Weile darin sogar die Sterne. Als jemand die Tür des kleinen Speisesaals öffnet und ein Lichtstreif herausfällt, schreit es wild von oben aus dem Ruderhaus. Nicht nur, daß der Fluß bis tief ins Landesinnere hinein den Gezeiten unterliegt, darüber hinaus erfordern die unsichtbaren Fahrrinnen und Sandbänke das perfekte Adlerauge. Die ebenfalls ohne Licht fahrenden Groundnutters und Prauen müssen in der totenstillen Nacht unser Duckduckduck schon von weitem hören können und zusehen, daß sie wegkommen. Es wird kühl an Deck. Irgendwo liegen die fernen Ufer, doch zu sehen ist nichts. Überall, auf dem Vordeck, dem Achterdeck, auf den Gängen, Menschen, Mütter mit Kindern, Händler, Lastenträger, Matrosen. Alles schläft, nur auf dem Achterdeck brennt eine ganz kleine Karbidlampe. Mitten zwischen den Bündeln der Schlafenden liegt ein behaartes weißes Gesicht, das üppige Haar zu einem anmutigen Knoten geflochten, und liest in *Masters of the XXth Century*. Er blickt nicht auf, und wegen all der Schlafenden kann ich nicht zu ihm gelangen. Die Dänen sitzen mit neuen afrikanischen Freunden beisammen und rauchen große Tüten Djamba, dessen scharfer Geruch mich bis in meine Kajüte hinein verfolgt.

Ich weiß nicht, wieviel später es ist, als ich aufwache. Ich höre das leise Duckduck der Maschinen. Aber das hat mich nicht geweckt. Ein leises Knacken, als ob jemand auf zu lange Nägel beißt. Ich suche hinter mir nach dem Licht und strample die durchgeschwitzten Laken ab. Auf dem Rand des schmuddligen kleinen Waschbeckens sitzt ein brauner Kakerlak, so groß wie ein Kinderdaumen, und blickt mich verträumt an. *Hier stehen wir restlos vis-à-vis*, denke ich und meditiere über das Geräusch, das er machen wird, wenn ich ihn knacke. Das tue ich also nicht. Durch das Fliegengitter vor dem Bullauge entdecke ich verschwommen das Mondlicht und die Leichen der Gefallenen an Deck, und da ich nun mal, wie jeder, das Maß aller Dinge bin, sehe ich gleichzeitig, zur Realität vergrößert, die Karte von Afrika, auf ihr diesen Fluß als echten Fluß und darauf dieses stille weiße Schiff, das leise gluckernd über das unsichtbare Wasser schleicht – und auf diesem Schiff, wie in der tausendsten Spalte einer Grapefruit, mich selbst – und den Kakerlak. Ich wünsche ihm gute Nacht und lösche das Licht.

Als ich wieder wach werde, ist es noch immer dunkel, sechs Uhr morgens. Mein Freund ist weg, und das Schiff liegt still. Diese beiden kurzen Rufe habe ich also nicht geträumt. Ich höre nackte Füße auf dem Deck, ziehe etwas an und gehe hinaus. Es ist fast kalt. Auf einem wackligen Landungssteg stehen in der

Dunkelheit ein paar Figuren, lehmgraue Gestalten, in Decken gehüllt. Ein paar Männer verlassen das Schiff und steigen in einen breiten ausgehöhlten Baum, in dem ein kleines Feuer brennt. Ein alter Mann verkauft getrocknete Fische aus einem großen Korb. Ein Junge geht von Bord und kauft zwei. Demnach sind sie billiger als in Banjul. Von einem Dorf ist nichts zu sehen. Die reglose Nacht steht hinter den Männern wie ein Tuch, sie werden es anheben müssen, um wegzukönnen. Eine hohe afrikanische Stimme erteilt einen Befehl, und ein kleiner Junge in einem Jutesack wirft die Trosse los.

Wo waren wir? Albreda, Kerewan, Kemoto, Tendaba, Balligho, Yellitenda, Sankuya, Bai? Das Frühstück besteht aus einer lokalen Version der englischen Vergangenheit: einem Stück Speck, Brot, triefend von glasigem Fett, sowie einem kleinen Mauerwerk aus Haferbrei. Die Dänen genehmigen sich einen Kognak und ein Bier dazu. Draußen hat sich der Tag mit Landschaften geschmückt, ruysdaelartige Panoramen hinter Potemkinschen Wänden aus Mangroven, die einem die Illusion rauben, man fahre durch Wälder. In der leeren Savanne stehen riesige, in dieser Jahreszeit blätterlose Affenbrotbäume, so daß es gleichzeitig Winter und Sommer ist.

Der Großmächtige ist an Deck erschienen, angetan mit einem karmesinroten Morgenmantel und einer weißen Wollmütze mit zwei Bommeln. Er breitet einen kleinen bunten Seidenteppich aus und verrichtet sein Morgengebet, so daß ich sofort weiß, wo Osten ist.

Es wird sehr heiß an diesem Tag. Wir sehen ein Nilpferd, einen Pelikan, Affen. Wenn wir anhalten, schwärmen ganze Dörfer aus, in langen Reihen sieht man die Menschen hintereinander aus der leeren Landschaft kommen, Grüße und Klatschgeschichten werden ausgetauscht, Kokosnüsse und Maniok verkauft, Post mitgegeben, denn dies ist das letzte schwimmende Postamt der Welt, mit einem eigenen Beamten und einem eigenen Stempel. River Gambia. Der Hippie vom Achterdeck, der Lechinski heißt und aus Montreal kommt, sagt, daß es vierzig Grad sind, und verkriecht sich unter dem Sonnensegel. Er erklärt Miss Peacecorps, wie falsch es ist, was sie da tun will, und warum es für Afrika nur afrikanische Lösungen gibt. Doch ebensogut hätte er Florence Nightingale erklären können, daß man Soldaten nie verbinden darf – sie wird dadurch nur strahlender und ist fest entschlossen, ihren Beitrag zum weiteren Erwachen Afrikas zu leisten. Ich sage, daß Afrika nie erwacht ist: Wir haben es wach geärgert. Weiß der Himmel, vielleicht hätte es sich gern noch einmal in seinem großen, wunderbaren Schlaf umdrehen wollen.

Hier, fern der armseligen Talmiwelt an der Küste, der dünnen modernisierten Schicht, spürt man die Weite und Kraft dieses Kontinents erst so richtig. Wie eine winzige Fliege kriechen wir darüber, auf der Karte beträgt die Entfernung, die wir zurücklegen, einen Millimeter, und trotzdem ist die Erinnerung an Stadt, Regierung, Straßen und die Reliquien des Kolonialismus bereits unwiderruflich entschwunden: Ein Atemzug, und dieses endlose Land verschluckt uns. Von Zeit zu Zeit sehen wir eine Siedlung, Schilfhütten oder Zinkdächer, unter einem geflochtenen Dach sitzen Männer beisammen. Ich wüßte gern, worüber sie sprechen. Auf den Kaffee folgt der Lunch, auf den Lunch der Tee, durch das Fernglas der Engländer sehe ich Fischadler und Silberreiher in der flimmernden Mittagsluft. In den Kajüten ist es noch heißer als in der Sonne, und trotzdem liegen auf allen Decks Leute in einem Schlaf, der weiter vom Leben entfernt zu sein scheint als jeder Tod. So gehen die Tage dahin, bis wir Bassé erreicht haben. Wir kommen spätnachts an, bleiben aber an Bord.

Mitten in der Nacht spüre ich, wie mir etwas über die Beine läuft mit Füßchen aus rauhem Tweed. Das Licht geht nicht, denn die Maschinen laufen nicht. Ich streiche ein Zündholz an, sehe eine sehr große Spinne in den Laken und gehe an Deck, voll Trauer, daß bald alles vorbei ist. Der Fluß fließt weiter nach Fatoto, Senegal, in andere Länder, wir fahren zur Küste zurück. Zum letztenmal sitzen wir zusammen in einer Art schuldloser Melancholie. Lechinski sagt, das »Ewigkeitsgefühl«, das man in Afrika hat, komme daher, daß es keine Jahreszeiten gebe. Als der Tag anbricht, geht er von Bord, sein langes Haar flattert in der Morgenbrise. Er hat eine kleine Tasche in der Hand und weiß noch nicht, wohin er geht. Miss Peacecorps ist die zweite, die aufbricht. Sie zerreißt uns ein bißchen das Herz, denn jetzt können wir sehen, wo sie diese zwei Jahre zubringen wird: ein paar Hütten, ein paar Gebäude, ein kleines Stück asphaltierte Straße, die schnell aufhört, ein Zaun um einen staubigen Berg Erdnüsse, ein sandiger, weiter Platz am Fluß. Die Dänen und Schweden werden abgeholt, die Engländer bleiben auf dem Schiff, nur für mich ist keiner gekommen. Weit und breit kein Peugeot. Ich gehe ins Dorf. Hier wird es viel früher heiß als in Banjul. Ein Markt, die St. Josephsschule, die Polizeiwache, ein Büro der Transport Union. Der Boß ist ein turmhoher Schwarzer. »Ah! You Mistah Bu! Daddy Soul, he telephone dis morning. Car come to take you, he break down, I can give you pick-up.«

Ein Pick-up ist ein kleiner, offener Lastwagen, die Hölle auf diesen Straßen, aber besser als nichts. Ich stelle die Bedingung, daß der Mann anhalten muß, wenn ich darum bitte, und erkläre, daß ich dafür extra bezahlt habe. Binnen einer Stunde bin ich ausgedörrt und rot vom Staub. Der Beifahrer sitzt bei mir hinten auf der Ladefläche. Er hat sechs Finger an jeder Hand und eine freundliche Einstellung zur Welt. Wir trinken gemeinsam heißes Gingerale und heißes, nach Eisen schmeckendes Sodawasser. Für ihn ist es ein Ausflug, denn meist werden auf so eine Karre möglichst viele Menschen auf einmal gestopft. In dem Dorf, in dem ich haltmachen will, geht er mir als Führer voran. Die Geschwindigkeit, mit der alles geschieht! In no time steht das Dorfoberhaupt vor mir, ein geöffnetes Buch mit arabischen Buchstaben an die Brust gedrückt. Er deutet darauf, und ich schaue hinein. Dann machen wir einen kleinen Rundgang, gefolgt von sämtlichen Bewohnern, die das zum Lachen finden, und zu Recht, denn was will ich hier?

Mädchen schöpfen aus der endlosen Tiefe des Brunnens, es gibt einen Baum mit Geiern und einen mit Störchen, am Horizont brennt das niedrige Gestrüpp, und der schwarze Rauch treibt hierher. Die Hütten sind kühl und sauber, mit sanftem Zwang führt man mich am Arm hinein und hinaus. Ich denke, daß das Leben in einem solchen Dorf seit Ewigkeiten so ist, der Reiche mit seinem Vieh, die für uns unsichtbaren Kasten der Sänger, Kämpfer, Schmiede, die Palaver im Schatten der Bäume, Arbeiten auf dem Feld, Jagen, Sitzen und Geschichten erzählen, keine englische oder französische Verwaltung hat je etwas daran geändert, und ich hinterlasse es so, wie ich es vorgefunden habe, unberührt und ganz es selbst.

Der einzige, mit dem etwas passiert ist, bin ich, mein Schauen hat den Abstand vergrößert, nicht etwa kleiner gemacht. Sie können mein Haus nicht sehen, ich aber das ihre. Während wir zur Straße zurückgehen, pflückt mein sechsfingriger Freund Pflanzen und kleine Zweige für mich, läßt mich riechen und gibt ihnen Namen. Und ich sehe mich immer wieder nach den Menschen um, die dort stehen und mich in mein eigenes Schicksal verbannen: jemand, der nie wissen wird, was es bedeutet, abends mit den anderen unter den Bäumen zu sitzen und einander langsame Geschichten zu erzählen.

Mein letzter Stopp ist Mansa Konko. Dort soll ein niederländischer Lepraarzt wohnen, den wir mit viel Mühe finden. Ein paar niedrige kleine Gebäude in einem kahlen Garten. Zwei blonde, plötzlich sehr weiße Ärzte und ein holländisches Kind. Es sind 38 Grad im kühlsten Zimmer des Hauses. Wir essen holländische Käsebrote. Es ist hart, sagen sie, aber es gefällt ihnen. Ich würde gern noch länger mit ihnen reden. Die Oberflächlichkeit des hereinschneienden Besuchers an der Ausdauer von Menschen messen, die hier Jahre verbringen und besser als irgend jemand sonst wissen, »wie« es ist – doch der Fahrer des Pickups hält nichts von diesem Gespräch und hebt zu einem Hupkonzert an.
Inzwischen ist es auch für mich Zeit. Ich bin in die Hauptstadt zurückgekehrt und habe diese merkwürdige Mischung aus Sattheit und Bedauern erreicht, bei der einem nur zwei Möglichkeiten bleiben: Entweder man reist sofort ab oder man bleibt ein Jahr.

Am letzten Tag meines Aufenthalts bekomme ich ein Interview mit dem Vizepräsidenten. Ansonsten suche ich nach Zeichen der Vergangenheit. Eines hängt an der Wand der anglikanischen Kirche. *Sacred to the memory of Providence Doyery who departed this life* (als sei das Leben ein Gegenstand, oder ist es das?) *Nov. 24, 1863, aged 47 y. He was a native of EBOE, a country in Guinea on the West Coast of Africa, was sold, captured and brought* (in dieser Reihenfolge) *to the Gambia in 1829 where he lived and died and was beloved by all who knew him.*

> *Weep not! The land to which I go*
> *is beautiful and bright.*
> *There shall no tears of sorrow flow*
> *and there shall be no night.*
> *Rejoice! We yet shall meet again*
> *where none may say »farewell«*
> *and in the home of deathless love*
> *together we shall dwell.*

Es ist ein Tag von Tod und Verdammnis. Als ich aus der fahlen, kühlen Kirche auf die gleißende Straße trete, begegne ich Daddy Soul, der auf dem Weg zur Bestattung seines Onkels, des Goldschmieds, ist. Eine sehr bunte Menschenmenge spaziert zu dem am Meer gelegenen Friedhof, doch ich suche andere Tote: ein paar Zementgräber in einem kleinen, kahlen Hof, der peinlich akkurat von einem sehr alten

Mann geharkt wird, welcher darauf besteht, mich mit *massa* anzureden. Die Akazie läßt ihre Blätter rieseln, und er harkt sie weg, wie ein anderer Gärtner H. Best und George Pierez wegharkte, als ihr Flugzeug hier 1944 abstürzte. »Thou shalt know hereafter«, steht drohend auf ihrem Grab, und die Akazie rieselt weiter auf Lt. Col. RVM Garry und Wing Commander ROM Graham DFC und, schon soviel länger, auf Margaret, *the beloved wife of Richard Pine Esq., formerly the Queen's Advocate for these settlements, who departed this life on the last day of the year one thousand eight hundred and forty two in the 27th year of her age.* Die Gespinste und Spinnweben, all der Staub und Schutt, den Imperien zurücklassen, wenn sie ihre Koffer packen! Steinschachteln mit Menschen darin, darauf Sprüche, bestäubt von den Blutkorallen der *Russelia jungea*, verschattet von den roten spitzen Blättern der Euphorbien, und, am Ende aller Träume, der harkende Gärtner.

2

Der Vizepräsident, Hassan Musa Camara, Minister for Local Govt., Lands and Mines, lacht sich kaputt, als er von meinen Irrwegen erfährt, zum Präsidenten vorzudringen, und ruft ihn in meiner Gegenwart an. Er nennt ihn bei einem Kosenamen, Eetschie, und erst hinterher geht mir auf, daß dies die englisch ausgesprochenen Initialen von His Excellency sind. Eetschie am anderen Ende der Leitung lacht sich ebenfalls kaputt, aber er muß am darauffolgenden Tag nach Moskau, und ich fliege an diesem Nachmittag nach Dakar, das klappt also nicht. Mit einemmal scheinen das leise Straßengetümmel von Banjul und die dazugehörige Hitze sehr fern. Wir sitzen in den kühlen Seen der Macht, die Klimaanlage summt, und der Vizepräsident, dem Anschein nach ein tatkräftiger Führer, hält uns einen Vortrag über Handel und Wandel eines Minilandes in der großen Welt. »We are a country which was given no chance to survive economically as an independent nation«, sagt er, aber er ist doch sehr zufrieden mit seiner ersten positiven Zahlungsbilanz, wenngleich er weiß, daß diese auf einem einzigen, prekären Produkt beruht: Erdnüssen. Das ist lebensgefährlich. Wenn die Weltpreise sinken, rutscht Gambia mit in den Sumpf. Man hat auch viele Fehler gemacht. Nicht im Bereich von goldenen Betten, Prestigepalästen, Stadien und üppig ausgestatteten diplomatischen Vertretungen. Im Gegenteil. Gambia ist geschickt und vernünftig, hat nur wenige Diplomaten im Ausland und hält sich im Inland zurück. Der Hauptfehler, meint man nun, lag darin, daß man das Augenmerk zu sehr auf die Stadt und ihr Umland und zu wenig auf die ländlichen Gebiete und damit die eigene Nahrungsversorgung gerichtet hat. Die ersten großen Pläne sehen nun vor, den Gambiern den Fischfang beizubringen, und zwar sowohl vor der Küste als auch auf dem Fluß (der momentan von den Japanern abgefischt wird). Doch der Gambier ist eigenartigerweise kein Fischer und will auf sein Vieh nicht verzichten. Eine Herde bestimmt Reichtum und Ansehen eines Mannes und ist folglich nicht dazu da, geschlachtet zu werden. Alle diese historisch begründeten Einstellungen resultieren in zu hohen Importen für den primären Bedarf, Fisch, Fleisch und Agrarprodukte. Von der schwedischen Hotelindustrie, die gerade in Gang kommt, fließt aufgrund der Monopolstellung der skandinavischen Reiseveranstalter, im Grunde also ebenfalls eine Monokultur, viel Geld zurück in den kühlen Norden. Darüber hinaus herrscht die Angst, daß all diese hemmungslosen, libidinösen und mit Geld ausgestatteten Damen und Herren den »afrikanischen« Charakter der Jugend korrumpieren. Er bedauere, sagt Camara, daß die Opposition auf ein Minimum geschrumpft sei. Die Jagd auf Posten sei daran nicht ganz unschuldig: Wenn fähige Leute sähen, daß sie in den nächsten Jahren nicht zum Zuge kämen, wechselten sie die Partei, genauso wie viele (darunter der Präsident) sowohl einen anderen Namen als auch eine andere Religion angenommen hätten. Christen würden in Ruhe gelassen, bekleideten natürlich auch Funktionen im Beamtenapparat, doch ein Politiker sollte tunlichst Moslem sein und einen afrikanischen Namen haben. Ich frage ihn noch nach dem Buch *Enter the Gambia, Birth of an Improbable Nation* des amerikanischen Schriftstellers

Berkeley Rice. Es ist in Gambia verboten, weil es recht respektlos mit vielen Würdenträgern umspringt und vor allem die Wahlen auf dem Lande und Parlamentsdebatten ziemlich ins Lächerliche zieht. Er zuckt mit den Achseln, und als ich mir den Band später, als ich wieder in den Niederlanden bin, aus der Bibliothek des Tropenmuseums hole, verstehe ich, warum. Natürlich ist alles zum Lachen, primitiv, und so weiter, doch diese Betrachtungsweise ist arrogant und etwas boshaft, die Haltung eines reichen, verwöhnten Kindes.

Ich frage ihn, welche internationalen Hilfsorganisationen in Gambia arbeiten, und es ist eine ganze Liste, angefangen beim Entwicklungsfonds der Vereinten Nationen (dessen Stab in prachtvoller, fast kolonialer Abgeschiedenheit in üppigen Küstengärten unweit des britischen Hochkommissariats wohnt) bis hin zu AID[2]. »Sie helfen alle ein bißchen«, sagt er. Später sehe ich Papiere des UNDP[3] ein: Es reicht vom *hotel staff training* über *labour statistics* und *manpower planning*, *study basic environment, sewerage and drainage* bis hin zu *exploitation of kaolin deposits*: Experten kommen, Stipendien werden vergeben, und so wurschtelt jeder mannhaft vor sich hin am Rande der großen Welt, ohne Armee, ohne Diktatur und ohne allzu große Leidenschaft. Die wird an jenem letzten Nachmittag für mich reserviert. Ich muß mein Leihfahrrad, auf dem ich mich einen Teil der Zeit herumbewegt habe, zurückbringen, und auf der großen Straße entlang dem Meer, genau beim staubigen Erdnußdepot, sehe ich in der Ferne Bewegung. Ein Polizist fuchtelt mit den Armen, und langsam, um ein paar tiefen Schlaglöchern auszuweichen, fahre ich von der Straße herunter. Leider zu langsam! Ein großer schwarzer Mercedes, in dem kein anderer als Eetschie sitzen kann, rauscht durch den Erdnußstaub, und eine Minute später bin ich verhaftet. Der kurzbehoste Polizist ist sehr böse. Ich sei zwar abgestiegen, als »the President of this Country« vorbeifuhr, ABER NICHT SCHNELL GENUG. Vierzig Grad. Mit dem Fahrrad an der Hand trotte ich hinter ihm her durch den lockeren Sand. Eine rührende holländische Szene, die einer kleinen Menschenmenge großen Spaß macht. Erst nach langem Warten, viel Geschrei und einer unbehaglichen Konfrontation mit den fotografierten Gesichtern anderer Mörder werde ich nach einer Anzeige und ernsten Verwarnung auf freien Fuß gesetzt. Dem Ausgleich aller Dinge wurde Genüge getan: Diesmal habe ich nicht nur über sie, sondern haben sie auch über mich geschrieben. Zwei Tage später sehe ich auf dem glühendheißen Flugplatz von Dakar ganz andere Polizisten: sehr dicke, mit Medaillen behängte russische Piloten. Diesmal wollen sie nicht mich holen, vielmehr ist es Eetschie, der in der kleinen, von Breschnew geschickten Turboprop nach Moskau entschwindet. Doch so sehr ich auch gesucht habe, Eetschie hat es in Moskau nicht bis in die Weltpresse geschafft, und sei es nur deswegen, weil es zuviel Mühe kostet zu erklären, wo Gambia liegt. Wie jemand im Außenministerium in Den Haag sagte: »Gambia? Gambia? Sie meinen wahrscheinlich Sambia.«

1975

1 *tempo doeloe* (sprich: »tempo dulu«): aus dem Malaiischen stammender Ausdruck der Niederländer für die gute, alte (Kolonial-) Zeit.
2 AID: Association Internationale de Développement.
3 UNDP: United Nations Development Programme.

Die Stille ist stiller als still

Ach ja, Palmen

Das Flugzeug landet in Frankfurt, aber die Passagiere, die nach Tunis und Bengasi weiterfliegen, werden gebeten, an Bord zu bleiben. Einer der Passagiere muß umsteigen nach Hongkong, ein anderer muß weiter nach Kalkutta, und mit Erlaubnis des Stewards darf ich kurz mit ihnen ins Flughafengebäude, wenn ich verspreche, rechtzeitig zurückzukommen. Die Treppe runter, eisigen deutschen Wind um die Ohren, ich laufe über den Beton, ein zu großer Spielplatz. Im Flughafen herrscht, steht, hängt, zeigt sich das überreichliche Bankett des Wohlstands. Ich stelle mir vor, wie ich reagieren würde, wenn ich aus einem unterentwickelten Land zum erstenmal nach Europa käme und hier zwischen Essern, Biertrinkern, endlosen Läden voller Radios, Kameras, Tonbandgeräte landete, in jedem Laden dieser wohlig beheizten, mit Grünpflanzen geschmückten Hallen adrette Twens aus dem Harem des Wirtschaftswunders.
Es wimmelt von amerikanischen Soldaten, so daß ich einen Augenblick an Politik denke, aber nicht lange, ich fühle mich als Gegenwartsmensch, wechsle fünf Gulden in vier Mark achtzig, um ein Gespräch mit Paris bezahlen zu können, behalte eine Handvoll

des hellgelben deutschen Kupfergelds übrig, das ich aus irgendeinem abergläubischen Grund nicht auf die weitere Reise mitnehmen möchte, gehe zur Toilette, erfrische mein Gesicht mit einer Handvoll kaltem Wasser und gebe die Münzen dem Fräulein, das »danke sehr« sagt; am Ausgang geselle ich mich zu einigen Tunesiern, die auf den Aufruf des Flugzeugs warten und auf das blaue KLM-Schild in der Ferne deuten, das in der Sonne auf der Startbahn steht, dahinter verschwommene schwarze Tannenwälder und Autos, die sich langsam auf einer unsichtbaren Straße vorwärtsschieben.

Danach nur noch Wolken. Der Tragflügel vor dem Fenster hat etwas Unerklärliches, noch viel unerklärlicher als später die barbarische Gebirgslandschaft unter uns. Die Wolkenfelder sind so weiß, daß man am liebsten hinausspringen und auf ihnen herumlaufen würde, und man stellt sich vor, wie jemand dort draußen jodelt, und hält unermüdlich Ausschau nach einem einsamen Skifahrer oder einem verlassenen Dorf am Horizont dieser weiß beschneiten Landschaft, und über allem rotieren die beiden Propeller weiter, und ich blicke auf die unübersetzbare Stille des Tragflügels, ein erkennbares Objekt, von dem man in diesem Augenblick, beim Fliegen, unwiderruflich getrennt ist. Auf dem Tragflügel ein gelbes Quadrat mit dem Wort HOLD in schwarzen Lettern und einer Nummer.

Fliegen ist etwas Selbstverständliches geworden, aber

ich werde nie aufhören, darüber zu staunen, nicht darüber, wie es möglich ist oder daß es so schnell geht, sondern darüber, daß ich mich in einem Ding befinde, einem Gegenstand, den ich nur ganz sehen kann, wenn er am Boden ist. Das einzige, was du siehst, wenn du fliegst, ist der Tragflügel, nie das Flugzeug, und manchmal, nach einem langen Flug, sehe ich im Schlaf einen Flügel, ausgestreckt über einem lichtüberfluteten Wolkenfeld oder einem tief unter mir liegenden Meer, einen metallfarbenen, magischen Arm, und mich erfüllt die gleiche Begeisterung wie beim Flug, alle Anekdoten, Stewardessen, Passagiere verflüchtigen sich, und nur das Fliegen selbst bleibt übrig als etwas, das du *tust*, du bist es, der fliegt.
Korsika, Sardinien, unten hüten Jungen Schafe und Ziegen, ich kann sie nicht sehen, in Bergdörfern lehnen Männer an der Theke und bestellen einen Espresso, ich kann sie nicht sehen, Fischer fahren hinaus oder flicken ihre Netze, ich kann sie nicht sehen, ich fliege übers Meer, und gleich wird mich jemand auf einen Schatten hinweisen und sagen: Afrika, und dann sinken wir und werden mehr und mehr Boden, und dann hören wir die bekannten Geräusche, den kurzen, leicht wollüstigen Ruck, in dem immer ein Angstseufzer enthalten ist, das Rasen, das Abbremsen, und da steht ein flaches, gelbliches Gebäude, bestückt mit Sträußen roter Fahnen wie in kommunistischen Ländern, rot, in der Mitte ein weißer Halbmond und in dessen Bogen ein weißer Stern, und später

höre ich, daß die Fahnen dort hängen, weil König Hassan II. zu Besuch ist, und ich lese auf dem Flughafengebäude *Tunis, El Aouina,* sehe die ersten Männer in Dschellabas, weißverschleierte Frauen, und ich gehe die Treppe hinunter, in die Sonne, die angenehm warm ist. Da ist etwas, was ich sehe, doch nicht wirklich wahrnehme, und einen Augenblick später weiß ich plötzlich, was es ist, und denke, ach ja, Palmen.

Tunis, Dezember 1963

Fakha, Leffa, Attarine

Ich öffne die Läden zum Balkon und blicke auf die Avenue Habib Bourguiba hinaus. Links, in der Ferne, muß das Meer sein. Dort ist es ganz hell, und ein frischer Wind weht aus dieser Richtung, er tippt sanft an die dunkelgrünen Bäume, die, wie an den Ramblas in Barcelona, auf dem Mittelstreifen der Avenue dicht nebeneinander stehen. Ich gehe raus. Es ist warm, ich setze mich auf eine Terrasse, bestelle eine Tasse Kaffee und lasse eine halb europäische, halb nordafrikanische Welt an mir vorbeiziehen, Hunderte Akteure aus einem gigantischen Theaterstück, von denen die eine Hälfte schon, die andere Hälfte noch nicht kostümiert ist.

Im Lokalblatt lese ich, daß sich der junge Landarbeiter Salah Ben Abdallah Ben Amor, 20, in Borj Ettoumi nach einem fürchterlichen Streit mit seinem

Vater das Leben genommen hat. Außerdem wurde das Fahrrad von M. Habib, 44, gestohlen und ein Ermittlungsverfahren eingeleitet. Ein kleiner Schuhputzer, der von alldem nichts weiß, will meine Schuhe vom Amsterdamer Schmutz befreien, das darf er, und gehorsam stelle ich meinen Fuß auf seine selbstgezimmerte Kiste. Jedesmal, wenn er den anderen Fuß will, klopft er laut und herrisch mit der Bürste auf das Holz. Eine wortlose Angelegenheit von nicht mal zwei Minuten. Danach nehme ich eine der zahllosen kleinen rotweißen Taxen, die nichts kosten, und fahre in einem Stübchen voll arabischer Musik zum Ministerium für Kultur und Information. Es liegt an einem leeren, großen Platz, der begierig auf Menschenmengen wartet, denn auf der anderen Seite befindet sich der Palast des Präsidenten Bourguiba, der wie Castro und Sukarno ein großer Redner ist und das Volk stundenlang unterhalten kann.

Dieser Platz hat etwas Besonderes. Der Boden ist aus Sand, keine Pflastersteine, kein einziger Schmuck. Hier muß es im Sommer unvorstellbar heiß sein. Nun wird jeder Passant von der Leere und der Farbe des Sandes gekennzeichnet sowie von der »Weggerücktheit« – anders kann ich es nicht nennen – der ihn umgebenden Gebäude. Ich gehe auf einen Soldaten mit weißem Helm zu, doch genau in dem Augenblick ertönt ein hoher, schriller Trompetenstoß, der Soldat nimmt Haltung an, und zwei beflaggte schwarze, große Mercedes-Wagen schießen aus dem Tor. Ich sehe ernste, zurückgelehnte Gesichter – danach hat der Soldat wieder Zeit für mich und zeigt mir den Weg.

Im Ministerium mache ich meine Aufwartung einem Mann mit blauer Uniform und roter Kappe, der mir träge zuhört, mir zu verstehen gibt, daß ich mich setzen soll, dann unglaublich langsam weggeht und erst viel später, genauso langsam, zurückkommt, die Hand hebt und sie leicht nach hinten streckt, eine mediterrane Geste, die bedeuten soll: Haben Sie Geduld, wir kümmern uns um Sie. So bleiben wir sitzen, wenige Meter voneinander entfernt, eine halbe Stunde, in der die Zeit langsam auf dem Gang hin und her rollt wie ein sehr großer Ball, den wir nicht sehen können. Dann kommt eine Frau und teilt mir mit, Monsieur Sadek sei nicht da, er sei beim Minister, und das wird sie mir an dem Tag nach zwei neuen Terminen noch zweimal sagen, so daß ich Monsieur Sadek nie begegnet bin, weil er immer beim Minister ist.

Draußen ist es inzwischen wärmer. Der Soldat lächelt mich an, ich lächle zurück und schlendere dann durch die Straßen. Mit dem Stadtplan bin ich noch nicht vertraut, und so ist es reiner Zufall, daß ich mich plötzlich in den Souks befinde, oder eher, in die Souks hineingefallen bin, denn sie sind ein Netz, ein Spinnengewebe, ein Netz aus engen Gassen, durch die kein Auto fahren kann, beinahe Tunnels mit Höhlen in den Seiten, in denen Schuhmacher, Weber, Kupferschmiede, Parfümhersteller, Vogelhändler und Gewürzmischer ihrem Gewerbe nachgehen. Was an Tunis noch europäisch war, fällt ab, verschwindet, ich streife umher in dem, was ich nicht bin und zu dem ich nicht gehöre, das stürmt als plötzliche, heftige Empfindung auf mich ein, und ich gehe wie ein Verirrter und fast Unbekleideter umher zwischen den weiten Gewändern, den Schleiern, Turbanen, der unverständlichen Sprache, der einspinnenden Musik, den Düften und Gerüchen. Manchmal zupft mich jemand sanft am Ärmel, um mir einen Berberteppich, einen Messingtopf, eine Perlenkette zu zeigen. Ein alter Mann hält mir eine Schale mit kunstvoll drapierten, sehr kleinen toten Vögeln entgegen, ein anderer nimmt eine Handvoll ockerfarbenen Puder und läßt mich daran riechen, ich werde in einem mediterranen Französisch mit hartem arabischen Akzent angesprochen und gehe weiter, drehe mich in immer neuen überdeckten Tunnels im Kreis, die Stadt, die dahinter oder drum herum liegen muß, existiert nicht mehr, in diesem Labyrinth will ich bleiben, im Hämmern auf Kupfer, bei den langen Rufen, die eine Bedeutung haben, den Schüsseln voller Kuhfüße, den tiefen, dunklen Gewölben, in denen Männer zusammensitzen, Karten spielen und Pfefferminztee schlürfen, beim Geruch von Leder, Fleisch, süßen, runden Kuchen, Leinen, im Souk der Früchte, el Fakha, der Wolle, el Leffa, der Schuhe, Balghajia, der Parfums,

Attarine, der Goldschmiede, der Sklaven – doch so wie ich hineingekommen bin, falle ich heraus, ein Tor, Tageslicht, eine richtige Straße, Taxen, ich blicke mich um, und es ist, als ob alles hinter mir schmilzt und verschwindet, gar nicht existiert hat.

Tunis, 1963

Die große Moschee

Es ist noch früh, als wir aus Tunis hinausfahren. An der Stadtgrenze stehen Wegweiser, nach Sfax, Sousse, Kairouan und nach Kairo: 3068 Kilometer. Rechts liegen Berge, manche sind hoch, sie werden uns eine Weile begleiten, doch die Straße bleibt flach. Wenige Autos, ab und zu ein verlorener Mann auf einem Fahrrad oder einem Esel, die Landschaft erinnert noch an Spanien, Palmen, Kakteen, braune Erde, die später, hinter Grombalia, rot wird – rote Wintererde, die sich sehr weit erstreckt und auf der Menschen arbeiten, in der Ferne, kleine, sich bewegende Figuren, die knien oder stehen. Grombalia, Enfidaville, danach kommen die steinfarbenen Dörfer, die zusammengescharten Hütten, vor denen Menschen in weiten Gewändern sitzen. Das Land ist still, das weiß man, ohne auszusteigen, still beim Ansehen und still beim Hören, eine Landschaft ohne Versuchungen, ohne Zierde – sie liegt da, unbeschreiblich alt, und duldet die Straße, die selbst auch nichts anderes ist als Straße, keine Tankstellen, außer in den Ortschaften, keine Reklame, keine Motels – eine Asphaltspur durch eine tausendjährige Landschaft, die Esel und ihre Reiter sind dieselben geblieben, sie sind mehr der Landschaft verbunden als mir, dem Beobachter.

Später, ich weiß nicht mehr, wo, gibt es plötzlich einen großen, merkwürdig beleuchteten See. Es ist, als käme das Licht aus dem Wasser, nicht aus der Luft, und in der Nähe grast eine Herde Schafe, fast unsichtbar auf dem schaffarbenen Boden. Die Straße macht jetzt eine Kurve und wird zur Straße eines bösen Traums. Kilometerlang an beiden Seiten harte, meergrüne Aloen, die mit ihren gefährlichen, spitzen Gummimessern auf uns zeigen, es nimmt kein Ende, und meergrün ist auch nicht das richtige Wort, aschgrün wäre besser, wenn es das gäbe, ein Tunnel aus scharfen Stacheln, nirgends unterbrochen, so daß es scheint, als kämen sie immer näher und schlössen uns ein.

Als wir danach die Landschaft wieder sehen, ist sie sehr trocken. Manchmal, wie um dem Fremden eine Freude zu bereiten, sind alle Ingredienzien, die seiner Meinung nach zum Nahen Osten gehören, zusammengefügt, ein *oued* (Fluß) mit flachem Wasser, den er durchqueren muß, Palmen, Kamele, steiniger Boden, ein Schild mit einem seltsamen Namen, *Bir Djedid*, *Dar Bel Ouar*, *El Alem*, und während alles langsam ins Bewußtsein sickert, fahren wir weiter, Cinerama von allen Seiten auf den Fenstern, nach Kairouan, der Stadt der großen Moschee, vierte Stadt des Islam.

Das Hineinfahren in die Stadt Kairouan habe ich auf die Liste der unvergeßlichen Ereignisse geschrieben. Vielleicht bin ich auch falsch hineingefahren, aber ich folgte den Ehrenpforten aus Sperrholz für den marokkanischen König, der einen Tag vor mir da war, farbige, beflaggte Bogen, jedoch ohne Menschenmenge, die kam erst später, ohne Ankündigung, aber dafür in überwältigendem Ausmaß. Die Souks von Tunis waren eine Überraschung, sie überfielen mich geradezu, waren jedoch zugleich etwas in sich Geschlossenes, eine Enklave in einer modernen, fast europäischen Stadt. Hier war der Schock vollständig, übergangslos fuhren wir in eine Menschenmenge, so grellbunt, wie ich es noch nie gesehen hatte, als hätte die Zeit mich und mein lächerliches Auto in ein arabisches Mittelalter zurückgeworfen, in dem bei den Fleischern Kamelköpfe an der Wand hängen, kein Europäer weit und breit, ein wirres Durcheinander von Dschellabas und Burnussen vor den Fenstern des niedrigen Autos, Gesichter in allen Farben, eine Sandstraße, auf der wir zwischen den Teetrinkern und Verkäufern von Kupferwaren unsichtbar wurden.

Ich war weit genug in Marokko herumgekommen, um etwas aus dieser Welt wiederzuerkennen, doch nach der antiken Stille der Landschaft brach es wie ein tosender Wasserfall über uns herein, und wir fuhren noch langsamer als im Eselstempo hindurch. Ein begeisterter Teppichweber rannte vor uns her bis zum Laden seines Onkels, aber wir waren zu aufgewühlt, konnten nicht aussteigen inmitten der gegerbten Gesichter, der Soldatengesichter, der Mandel- und der Adlergesichter – eine Kamelherde, geführt von großen, stolzen weißen Mönchen, verläßt das gezinnte Tor, durch das wir jetzt hineinfahren, und nach langem Hin und Her treibt uns der Zufall zu dem gesuchten Gebäude, umschlossen von den hohen, dicken Mauern der Kasbah: zur großen Moschee von Kairouan, mehr als zehn Jahrhunderte alt, ein Bollwerk mit schneeweißen Mauern, und wenn man durch das Tor gegangen ist, steht man auf einem der schönsten Plätze dieser Welt – er besitzt eine Strenge, die nicht abstößt, sondern umarmt.

Nur zögernd gehen wir umher – wie auf Eis, von dem wir nicht wissen, ob es uns tragen wird. Ringsum Säulengänge, und niemand zu sehen. Der Hof ist groß, nackt, leer, schmucklos, ein klarer Gedanke, der viele andere Gedanken vertreibt. Als wäre es eigentlich nicht erlaubt, nähern wir uns dem östlichen Säulengang, an den der eigentliche Gebetsraum grenzt. Eine Tür ist geöffnet, und als wir hineinschauen, ist es, als blicke man aufs Meer oder in die Wüste. Wiederum ohne jegliche Ablenkung steht da ein unbeschreiblich heller Wald von Säulen, der kühle Luft verströmt. Der Fußboden ist mit Bastmatten bedeckt. Wir wagen uns nicht hinein, sehen immer noch keine Menschenseele. Dann kommt ein sehr alter, in weiße Wolltücher gehüllter Mann winkend auf uns zu. Er geht bar-

fuß. Wir ziehen die Schuhe aus und folgen ihm – immer noch zaghaft – hinein in die Vollkommenheit.
Die Matten sind sehr kalt. Wortlos durchquert der Mann den steinernen Wald und bleibt vor einer Wandnische aus Porphyr stehen. Er sagt *mihrab* (Gebetsnische) und weist mit der Hand nach Osten, und plötzlich sehe ich die Moschee voller liegender gebeugter Männer, zum *mihrab* gerichtet, gen Osten, nach Mekka – und er zeigt auf eine hohe, schwarze Treppe aus Zedernholz, die zur Predigtkanzel führt, sagt *les prières*, *vendredi*, und dann schiebt er uns plötzlich zur *minbar*, der Treppe, und zur Nische und sagt flüsternd, jedoch sehr eindringlich: *touche, madame, touche, monsieur, touche, touche*, und folgsam und vorsichtig legen wir kurz die Hand auf die von ihm angewiesenen Stellen und gehen dann wieder mit ihm hinaus.

Noch ein letzter Blick auf diese Klarheit, und ich habe das Gefühl, als müßte ich mir etwas ganz Besonderes ausdenken, um es zu benennen, doch mir fällt nichts anderes ein als: Etwas, was von Menschen gemacht wurde, sieht nicht so aus, als sei es von Menschen gemacht, sondern als sei es entstanden oder immer so gewesen. Und dann, als hielte ich es nicht länger aus, wende ich mich ab und gehe über das sonnenüberflutete Rechteck des stillen Platzes wieder zum Tor hinaus.
In der schmalen, weißen Straße warten zwei kleine

Jungs auf mich. Sie ergreifen meine Hände und drücken etwas hinein, Zettel. Ich falte sie auseinander, während sie ernst abwarten. Ihre Adressen und Namen stehen darauf, und sie möchten, daß ich ihnen Briefmarken schicke, wenn ich wieder in den Niederlanden bin, dem fernsten Land der Welt. Die Zettelchen liegen jetzt neben mir, in arabischen Kinderhandschriften steht da: *Kakri Salem, rue Slimena 13, Kairouan,* und *Mohamed Abada, grande Mosquée, Kairouan.* Ich stecke die Zettelchen in meine Brieftasche und gebe ihnen die Hand. Sie fragen: In drei Wochen? Und ich verspreche es: in drei Wochen. Bis zum Ende der Straße schauen sie mir nach, ernste, dunkle Gesichter vor dem Schnee der Moschee.

Kairouan, 1963

Oder nicht mal das

Wo fängt die Straße nach Sbeitla an? Fragt man einen Mann im langen Gewand, holt er jemanden mit einer Aktentasche hinzu, der wiederum holt jemand mit einem Regenschirm, und der holt dann jemanden aus einer Autowerkstatt, aber keiner von ihnen weiß es. Immer wieder fahren wir in die angegebenen Richtungen, doch ein Schild nach Sbeitla sehen wir nicht. Hinter den Mauern liegt immer noch Kairouan, die vierte Stadt des Islam, und will nicht weichen. Ein Mann auf einem Traktor weiß es schließlich genau, da, diese Straße, das ist die Straße nach Sbeitla. Für ihn ist das schon seit Jahrhunderten so, und die zögernd vorgebrachten Bedenken der Umstehenden werden mit einer kräftigen arabischen Geste auf den Asphalt geworfen. Es war nicht die Straße nach Sbeitla, doch bis wir das merkten, dauerte es eine Weile, denn erst dreißig Kilometer weiter trafen wir wieder jemanden, einen Hirtenjungen, der in einer hellblauen Jacke an der Straße stand. Er wiederholte den Ortsnamen zweimal, als koste er dessen Geschmack auf seiner Zunge, blickte in die daherkommende Leere, drehte sich um und zeigte unerbittlich in die Richtung, aus der wir gekommen waren, Kairouan. Sein mittelalterliches Bauerngesicht verfolgte beifällig, wie wir das Auto wendeten, dann fragte er, ob er mitfahren dürfe, sein Bruder würde weiter auf die Ziegen aufpassen. Wir ließen ihn einsteigen, und er saß den ganzen Weg zurück wie eine Statue auf dem Rücksitz, ohne ein Wort zu sagen.

Inzwischen ist es zwei Uhr nachmittags. Es ist warm, und ich habe Hunger. Wir halten vor einem flachen, dunklen arabischen Lokal und essen etwas Orangefarbenes, das in großen Schüsseln gebracht wird. Die Gaststätte ist gut besucht – eine große Gruppe von Jungen und Mädchen, offenbar nicht aus Kairouan, sondern aus Tunis, hat sich niedergelassen und benimmt sich so, wie sich Menschen aus der großen Welt ihrer Meinung nach in der Provinz benehmen. Sie sind europäisch gekleidet, die Mädchen rauchen, und einige alte Männer in Dschellabas werfen ihnen verächtliche Blicke zu. Das Essen ist scharf, schmeckt aber sehr gut. Wir sind die einzigen Europäer, niemand beachtet uns, warum auch.

Jetzt bringt uns jemand auf die richtige Straße nach Sbeitla, aber nach etwa einem Kilometer stehen wir vor einem Schild mit der Aufschrift *route barrée*. Gut, *barrée*, doch was tun, wenn es nur eine Straße gibt? Wir fahren also weiter, die Straße wird immer sandiger, und schon ist es geschehen, der Traum des Wüstentouristen: die kleinen Räder drehen durch im Sand, und wir stecken fest. In der biblischen Landschaft um uns herrscht eine unglaubliche Stille. Nirgends ist etwas zu sehen. Wir versuchen, den Sand vor den Rädern wegzuschieben, Zeitungen, Zweige, kleine Steine darunter zu legen, doch bei jedem neuen Versuch sinken die Räder tiefer ein, und nach einer Weile wird jeder weitere Versuch in der völlig leeren Landschaft lächerlich.
Dann nähert sich aus Richtung Kairouan ein kleiner Lastwagen, dessen Fahrer schon aus der Ferne sieht, was geschehen ist, und vor dem sandigen Streifen anhält. Ich winke, und zwei Männer und ein kleiner Junge, der auch plötzlich da ist, kommen und fangen an, uns auszubuddeln. Anschließend heben wir alle zusammen mit kurzen Schreien das Auto immer wieder ein Stückchen hoch und schaffen es so auf eine Seite der Sandpiste, wo der Boden hart und trocken

ist. Ein alter Stationcar fährt an uns vorbei, über die Ebene ohne Straße.

Wir überlegen, seiner Spur zu folgen, aber die Männer aus dem Lastwagen raten uns ab und bedeuten uns, hinter ihnen herzufahren. Zum drittenmal an diesem Tag fahren wir nach Kairouan, doch kurz vor den gezinnten Mauern biegen wir links ab in die Straße, die wir vorher schon gefahren sind bis zu der Stelle, wo wir den Hirtenjungen getroffen haben. Sein Bruder steht immer noch zwischen den steinfarbenen Ziegen, wir biegen in einen Weg aus weißem Schotter ein, er ist gewellt wie ein Waschbrett, und das Auto rattert und rumpelt, Steine springen nach allen Seiten weg, es dauert fast eine Stunde, dann sind wir zum anderen Ende unserer Sandpiste gelangt, wo die Asphaltstraße wieder anfängt. Der Lastwagen hält, wir steigen alle aus, lachen, ich spendiere den Männern kleine holländische Zigarren, die sie sorgfältig wegstecken, wir geben einander die Hand und fahren los.

Nur der kleine Junge bleibt zurück, so klein, daß er es kaum mit der Landschaft aufnehmen kann, die sich neben, vor und hinter ihm in einer unendlichen Fläche erstreckt, leer und gefährlich, trockener Boden, staubfarbene Stechpflanzen, Steine. Ich frage mich, wo er hingehen, was er tun wird, doch selbst diese Fragen bedeuten hier nichts. Es gibt keine Zeit, und die Landschaft hat nichts anderes zu tun, als da zu sein, und er hat nichts anderes zu tun, als sich darin

zu bewegen und so die Landschaft selbst zu sein – als
wir uns umblicken, sehen wir ihn laufen, unterwegs
zu einer unsichtbaren niedrigen Hütte, wo wir vielleicht eine Geschichte werden, oder nicht mal das.

Tunesien, 1963

Eine Nacht in Tunesien

Sbeitla, Gafsa und dahinter die Oasen, Tozeur und
Nefta, zu denen wir nun fahren, Namen, die ich
vor einer Woche noch nie gehört hatte. Der Mann
von der Autowerkstatt in Gafsa inspizierte unseren
Austin Cooper lange und sagte, daß es jetzt schnell
dunkel werde und hinter Metlaoui siebzig Kilometer Piste käme. Wir fahren los, in die Ebene, und
das Dunkel zieht wie eine riesige Armee über den
Himmel, läßt immer einen Fleck über dem Horizont
oder den Horizont selbst frei, wo sich das Rot, das
Gelb, oder eigentlich eher eine Farbe ohne Namen,
sammelt. Noch immer sehe ich die Landschaft vor
mir, sie ist von blauen Bergen in der Ferne umklammert, es ist die Hammada, die Steinwüste, zunächst
noch ein paar niedrige Hütten oder Höhlen, in einer
brennt ein Feuer, vor dem ein Mann sitzt, allein, dann
nichts mehr, nur noch Erde, oder ich könnte jetzt
genausogut sagen: *die* Erde mit dem Feuer am Ende,
in das wir hineinfahren, bis auch das vom Dunkel verzehrt wird und verschwindet, und dann ist auch

die Erde unsichtbar geworden, es gibt nur noch die Piste, eine Spur, hart, gewellt, voller Löcher, die durch die Scheinwerfer des Autos größer und bizarrer werden – wir können nicht schneller als zwanzig fahren und kurven von einer Seite zur anderen, um die noch einigermaßen ebenen Stellen zu finden, kein Gegenverkehr, niemand hinter uns.
Eigentlich würde ich gern anhalten und aussteigen, um die Geräusche zu hören, von denen ich weiß, daß es sie nicht gibt, ich tue es nicht, aus Angst, denke ich, das Auto muß durchfahren, bald, in einer oder zwei Stunden werden wir die Oase erreichen, wenn wir jetzt aussteigen, kommen wir hier nie mehr weg. Aber ist da überhaupt eine Oase? Gibt es dort noch menschliche Behausungen?
»Im Süden Tunesiens«, steht im Reiseführer, »auf der Schwelle zur Sahara, liegen einige Oasen, die das Bled el Djerid (Land der Dattelpalmen) bewässern. Zwischen der nirgends unterbrochenen Unbarmherzigkeit der Wüstenlandschaft liegen dort Nefta, Tozeur und El Hamma wie Inseln des Überflusses (...).«
Wir sind uns nicht sicher, ob das, was wir jetzt sehen, ein Licht ist, obwohl es ein Licht ist, obwohl es Mauern, Bäume, niedrige Steinhäuser, Umrisse von Menschen sind im Scheinwerferlicht des Autos. Wir fahren ein paar sandige Straßen entlang, sehen das Schild *Hotel Splendid* und halten vor einem Haus am Rand eines Gartens. Vor der Tür steht ein großer, weiß gespritzter Landrover mit arabischen Schriftzeichen

und einem Schweizer Nummernschild. Ein Mann in arabischen Gewändern mit langem, blondem Bart schaut zu uns hin, aber wir sind zu müde, um etwas zu sagen. Draußen ist es fast kalt.

Ein Junge bringt das Gepäck in unser Zimmer, einen düsteren Raum aus Stein, mit einem Bett und einem ungestrichenen Holzschrank. Dicke, weiße Kamelhaardecken liegen auf dem Bett. Das Wasser, mit dem wir uns waschen, ist eiskalt, und unten im Speisesaal ist es nicht wärmer. In einer Ecke sitzen zwei Araber, in einer anderen die Schweizer, die offenbar schon lange in der Sahara sind, und ein alter Franzose, der einen Fez trägt und sich in eine rostbraune Decke gehüllt hat. In der Mitte des großen Raums steht ein kleiner Petroleumofen auf dem Steinboden. Niemand sagt etwas. Der Junge bringt geräuschlos das Essen, in unseren Ecken hören wir das Gemurmel der anderen, es ist wie in einem Kloster. Nach dem Essen mache ich einen Spaziergang, allein.

Das erste, was ich höre, ist das hohe, unaufhörliche Jaulen vieler Hunde in der Ferne. In welche Richtung ich mich auch drehe, das Geräusch ist überall, es legt sich wie ein Ring um die Stille, in der ich gehe. Im Park vor dem Hotel brennt ein Feuer. Funken und brennende Holzstücke fliegen umher, doch so lange ich auch warte, ich sehe niemanden. Es riecht nach Gewürzen. Kein Mensch ist auf der Straße. Ich gelange zu einem großen Gebäude, dem Grand Hôtel de l'Oasis. Es ist geschlossen. Davor steht ein silbernes, gepanzertes Auto von der Banque Nationale Agricole. Das Kläffen hört nicht auf, es sagt eine Katastrophe voraus, es hängt am Abend, am weißesten Licht des Mondes, das ich je gesehen habe, weißes Licht, das ins Licht der Avenue Chabbi Abiel Kacem Linien zeichnet, das mit den Schatten der Eukalyptusbäume Schritt hält, unter denen ich jetzt wie der Dorftrottel mit seinem Notizblock weitergehe. Was ist es, die Müdigkeit, die Entfernung, die Stille, das Kläffen? Ich stehe da mit meinem Büchlein, um es aufzuschreiben, nur was aufschreiben? Das, was mir in Erinnerung geblieben ist: ein fast ekstatisches Gefühl, weil ich in diesem Augenblick vor dieser Kulisse hier stehe.

Und gleich danach, wie um dieses Gefühl wegzuwischen, geschieht etwas ganz in meiner Nähe, und in derselben Sekunde ist mir klar, was geschieht: gar nichts. Nur zwei Männer kommen vorbei, noch stiller als die Stille, der eine in gestreiften Gewändern sitzt auf einem Esel, doch die Hufe des Esels machen kein Geräusch, der andere geht barfuß, ein graues Gewand mit Füßen, und selbst zu dritt machen sie kein Geräusch. Es ist ein langsamer Seufzer, der um eine Straßenecke biegt und sich offenbart, etwas so Altes, daß ich ergriffen bin, Männer, die von nirgendwoher kommen, es sei denn aus dem Gekläffe. Ich drehe mich um, wende mich von ihrer verschwindenden Erscheinung ab. Mondlicht fällt auf das zerfließende

Grün, ich gehe über immer schmalere Sandwege, da ist wirklich niemand, bis ich wieder zum Licht zurücklaufe, und auch da nur ein alter Mann, der an alle Türen faßt – eins –, und eine Frau, die sich ein schwarzes Tuch übergeworfen hat, das den Kopf und alles bedeckt und bis auf den Boden reicht, wie sieht sie in Gottes Namen? – zwei – und auf Bastmatten sitzende, den Haschischgeruch nach draußen fächelnde Männer in langen Gewändern, die im Schein einer Kerze Karten spielen – drei –, der Fremde geht vorbei und sieht es, mehr nicht, und – vier – ein beleuchteter Bus, jedoch ohne Insassen, der aus der schwarzen, inexistenten Welt angefahren kommt, der Bus der Société National El Gouatel.

Ich kehre langsam um, gehe an den Backsteinmauern mit den klaren geometrischen Figuren entlang, alle Türen sind zu, nur beim Hotel ist noch ein niedriger Raum offen, wo Männer um einen Esel herum liegen, ich sehe Körbe mit Gewürzen, Büschel getrockneter Pfefferschoten an den Wänden und ein farbiges Porträt von Habib Bourguiba.[1] Und dann bin ich wieder am Hotel und schlage mit der Hand an die Tür, das Geräusch hallt durch den steinernen Gang, ich höre, wie jemand aufsteht und »qui« ruft, und plötzlich weiß ich nicht, was ich antworten soll. Nooteboom klingt zu komisch, paßt nicht zu dem Gekläffe, dem Garten mit dem Feuer, zu meinen Füßen im Sand der kalten Straße, dem Mond, und mir fällt nichts Besseres ein als »moi«.

Die Tür wird entriegelt, ich sehe eine Matratze auf dem Boden mit einer bunten Decke, von der er aufgestanden ist, und er möchte die Tür wieder schließen, aber ich nehme ihn mit hinaus zu dem Kläffen, dem Jaulen, und er lacht und sagt, das ist immer so, jede Nacht, das sind die Hunde, die die Oase bewachen, und er schließt die Tür und sperrt damit das Kläffen aus, ich gehe nach oben.

Tozeur, 1963

1 Habib Bourguiba (1903-2000): tunesischer Politiker, Vorkämpfer der nationalen Bewegung, 1957-1987 Staatspräsident.

Nefta, die letzte Oase

Bei Tageslicht ist Tozeur sandfarben. Ich gehe bis zum Rand der Oase und sehe ein Schild: *Nefta 25 Kilometer*. Als wir hinausfahren, sehen wir zu beiden Straßenseiten Männer mit grünen Wägelchen, sie wässern die kleinen Palmen, die dort geschützt unter großen toten Palmblättern im Sand stehen. *Coopération le Palmier* steht auf den Wasserwägelchen, die daneben stehenden Männer schauen ernst auf unser Auto. Schon zwei Minuten später ist von ihnen nichts mehr zu sehen.

Die Straße ist gerade, eine schwarze Linie zwischen zwei unendlichen Sandlandschaften. Rechts, in der Ferne, sehe ich hohe, schwarze, sich langsam bewegende Gegenstände – eine Kamelherde. Links der Schott el Djerid, eine glitzernde Platte, gleich einer Luftspiegelung, Wasser in der Wüste, jedoch salzig, ein kilometerlanges Salzmeer, auf das die unsichtbare, hinter zinkfarbenen Wolken versteckte Sonne dennoch ein hartes, reflektierendes Licht wirft, so daß uns immer, wenn wir hineinblicken, die Augen schmerzen. Wir denken, daß ein kleines Boot darauf fährt, Unsinn natürlich: Als wir aussteigen, ist es auch verschwunden, es gibt nun mal kein Boot auf einem Binnenmeer ohne Fische in einer Landschaft ohne Menschen. Wir fahren, der schwarze Streifen läuft uns entgegen. Einmal erblicken wir ein Schild nach links mit einem Ortsnamen, aber wie weit wir auch schauen, es ist nichts zu entdecken, und die Spur verliert sich im Wüstensand.

Nefta. Afrikanischer als Tozeur. Wir fahren durch die Stadt, durch, was ist es, das Mittelalter? Ich sehe einen Aussätzigen mit einem Stock, drei Männer, die in lasterhafter Haltung vor einer Mauer liegen, und eine Frau, die den Kopf an die Mauer lehnt, nicht den Rest des Körpers, es sieht aus, als hätte sich der Kopf an dieser Lehmmauer festgesaugt.

Wir parken das Auto irgendwo und hören lautes, fanatisches Trommeln. In dem Augenblick kommen zwei Männer im Burnus um die Ecke, die mit langen Stökken auf breite, straff gespannte Trommeln schlagen. Ein dritter hinter ihnen hat ein Horn, eine Flöte in der Hand, ich weiß es nicht, denn er spielt nicht darauf. Ihnen folgt eine Horde Kinder, diesen Rattenfängern, bis sie an einer anderen Ecke stehenbleiben, sich dem Publikum zuwenden und irgendwas rufen. Was? Wir werden es nie wissen.

Wir gehen zurück und erreichen die eigentliche Oase – ein Garten, in dem Wasser murmelt und plätschert und barfüßige Männer durch die flachen Becken waten, als ob draußen nicht alles trocken und leer wäre. Drei Kinder folgen uns. Ihr Vater, der an der Straße Schuppen von einem Palmenstamm abhackt, ruft, sie sollen zurückkommen, aber sie laufen weiter hinter uns her, und als der Vater aus dem Blickfeld verschwunden ist, zupft uns das älteste – ein hübsches, etwa achtjähriges Mädchen – am Ärmel und sagt »Madame, Monsieur« und zeigt mit dem Finger auf die Bäume, das Wasser und sagt: »l'oasis«. Ja, die Oase, sagen wir, doch die Kinder lassen uns noch nicht weitergehen. Das Mädchen zeigt auf ein niedriges Lehmhaus und sagt »notre maison«, und dann kommt noch alles andere, der Himmel, die Straße, die Datteln, das Kamel, und wir nicken, die Kinder nicken ernst zurück, und so gehen wir durch diesen unerwarteten, beinahe pathetischen Überfluß. Eine Oase, ein Garten in der Wüste, die schon länger als tausend Jahre existiert und hinter der die Welt aufhört, weil dann nur noch Wüste ist, keine Straße mehr Richtung Süden, nur noch ein Pfad zur algerischen Grenze, Bir el Asli, Bordj el Yhoudi, auf der Karte gelb eingezeichnet, und hinter Nefta ist es auch tatsächlich gelb.

Wir bleiben eine Weile stehen, weiter wollen wir nicht. Hinter uns liegt das afrikanische Dorf, vor uns nichts als einige Männer mit Ziegen vor ihren Zelten. Ich hebe Steine auf, werfe sie weg und empfinde dasselbe wie vor ein paar Jahren in M'Hammid in Marokko, dem letzten Grenzposten vor Mauretanien: das Gefühl, am Meeresufer zu stehen; da hineinzulaufen wäre genauso verrückt, wie ins Wasser zu gehen, ein Meer, das erst viel weiter, im wirklichen Afrika, wieder endet, und dort, auf der anderen Seite der Wüste, in Timbuktu, sehen die Häuser ungefähr so aus wie hier, erzählt mir später jemand. Dazwischen zogen die Karawanen hin und her, durch das völlige Nichts, Dezimeter gelb auf der Karte, in der Mitte die drei Wörter *Sif es Soumane*, und dann gehen wir zurück und versuchen, diese Vision, die nicht beschrieben werden will, mitzunehmen – die verführerische Leere, die an diesem Ort, und nur hier, eine dünne Schicht Leben auf sich duldet, die uns an das Altertum erinnert, und wir, *dumme* Fremde, wissen kaum etwas von ihrer lautstarken Religion und noch weniger von ihrer Sprache, wir sind Außenstehende und Zuschauer, fast so verschleiert wie die Frauen, so unsichtbar für sie wie sie für uns. Christus könnte um die Ecke kommen und etwas sagen oder austeilen oder jemanden heilen, und wir würden ihn nicht erkennen, das hier ist uns ferner als alles andere, und sei es nur, weil wir *wirklich* da sind – aber dann kommen wir in eine Straße, wo die Schule gerade aus ist,

Dutzende Kinder in blauen französischen Schuluniformen, sie rufen Worte auf französisch, weg sind die literarischen Anwandlungen, für den Fünfjahresplan zur Seite gelegt, und wir fahren über einen Platz mit einer Gedenksäule, auf der 1964-1934 steht (weil die Araber von rechts nach links lesen), und mit der zurücklaufenden Zeit im europäischen Rücken fahren wir zurück nach Tozeur, nach Gafsa, nach Tunis, eine Handvoll frischgepflückter Orangen hinten im Auto, *ahssent*!

Nefta, 1963

Abend in der Stadt

Seltsam, wir waren nur ein paar Tage in der Stadt Tunis – fuhren dann durchs Land bis in den Süden, und nun, da wir in der Abenddämmerung wieder in die Stadt hineinfahren, ist es fast so, als kämen wir wieder nach Hause.

Wir essen, danach schlendere ich allein durch die Avenue Bourguiba und gehe ins Café de Paris, das Amsterdamer Café Américain. Zwei Mitglieder der Gefolgschaft von König Hassan II. sitzen in unbeschreiblich weißen Dschellabas an einem Tisch, ansonsten sind alle europäisch gekleidet, ein großes Pariser Café, Treffpunkt derer, die aussehen wie die intellektuelle Elite. Ein Junge kommt mit den Zeitungen *France Soir* und *Le Monde* vorbei, und mir geht durch den Kopf, daß die meisten einen Teil ihrer Ausbildung in Paris absolviert haben, und ich frage mich, ob sie vielleicht Heimweh haben, weniger nach den Franzosen als vielmehr nach der Metropole mit ihren Theatern, dem Zentrum der politischen Aktivität, das Paris für viele junge Menschen aus den afrikanischen und lateinamerikanischen Ländern ist. Ich versuche ein wenig in *Jeune Afrique* zu lesen, ein gut gemachtes, scharfzüngiges und intelligentes Blatt, das hier in Tunis verlegt wird und dessen Einfluß viel weiter reicht als bis an die Grenzen dieses eigentlich doch relativ kleinen Landes – aber ich bin zu müde und gehe lieber spazieren.

Es ist spät, ein paar kleine, weißgrüne Taxen sausen noch vorbei, doch sonst ist es still unter den starren Bäumen auf dem Mittelstreifen. Am Montag spricht Monsieur Jacques Setbon um 18.45 Uhr im Rahmen der Vortragsreihe *Vulgarisation du Jazz* über den Bossa Nova, aber dann werde ich schon wieder in Amsterdam sein, einer anderen Hauptstadt, in der in diesem Augenblick keine Meeresbrise durch Palmen streicht und wo ich nicht, wie hier, in einer Bar zu meinem Pernod ein in Öl getauchtes Stück Fenchel serviert bekomme. Ich höre eine Weile einer italienischen Bestell-Litanei zu, gehe wieder und schlendere bis zum Eingang der Souks, dann kehre ich um. Die Welt hinter dem Tor ist ein Irrgarten, in dem man sich nachts bestimmt verläuft. Morgen sitzen dort wieder die Kaufleute, die Schuhmacher, Kupferschmiede,

Gewürzhändler und Parfümhersteller, aber ich muß jetzt zurück ins Hotel.

Vor dem Schaufenster des amerikanischen Kulturinstituts steht ein alter Araber und betrachtet die Fotos von Kennedy, der uns ernst und ziemlich entschlossen anblickt. Er ist noch ahnungslos, hat für ein Foto nur mal eben hochgeschaut, *klick*, und blickt in die Augen eines Arabers und eines Reisenden aus den Niederlanden, die ihn betrachten: ein ermordeter Präsident. Unter dem Foto liegen Zeitungen, die seinen Tod melden: amerikanische, französische, tunesische, russische. In einer mit Glasscheiben versehenen Säule auf dem Trottoir sind andere Bücher ausgestellt, die den Tunesiern Einblick in die amerikanische Gesellschaft geben sollen: *Mädchen und ihr erster Job*, *Die Sklavenbefreiung* (mit einem Porträt von Abraham Lincoln), *Zehn Jahre amerikanische Raumfahrzeuge*, *Das Verfassungsgericht*.

Der Araber ist verschwunden, ich stehe etwas verloren an der Ecke der Avenue de France und lese all die Titel, die in ähnlichen Schaukästen auch in Lima, Reykjavík, Saigon, Jerusalem zu finden sind, missionarische Vitrinen für eine Denk- und Lebensart, die im Kontext von Palmen, Nacht, unbekannten Gerüchen, in Dschellabas gehüllten späten Passanten absurder anmutet als auf dem Amsterdamer Museumsplein – ein Gramm, ein Windstoß eines langsamen, endlosen ideologischen Kampfes, den ich jetzt hinter mir lasse, während ich meinen unter den weißen Lichtern mal wachsenden, mal schrumpfenden Schatten bis zum Hotel begleite.

Tunis, 1963

Scheherazade

Die Umgebung ist leicht zu erkennen: ein Theater. Aber es ist das Nationaltheater, in dem eine Laiengruppe am Nachmittag ein Märchen aufführt – erst später habe ich kapiert, daß es Scheherazade war, denn der arabische Titel lautete anders. In dem halbvollen Saal mit den roten Plüschstühlen erlischt langsam das Licht, ein langgezogener leiser Schrei des Entzückens geht durchs Publikum, und mit Recht, denn noch bevor der Vorhang ganz aufgegangen ist, erscheint ein gewaltiger Neger im Sonnenuntergangsrot, flankiert von einem wie ein Schurke aussehenden Schurken in schwarzer Brokatjacke und mit einer sehr hohen blauen Zipfelmütze auf dem Kopf. Die beiden führen eine aufgeregte Konversation, die ich natürlich nicht verstehe, doch aus den Reaktionen der vollzähligen Familie in der Loge neben mir wird deutlich, daß es um wichtige Dinge geht. Oft wird auf eine Tür gezeigt, hinter der sich etwas Zwielichtiges, Peinliches oder Tragisches abspielen muß, aber die beiden Männer verschwinden wieder, ohne daß es geklärt wird, der Vorhang fällt, und das bekannte Geschiebe dahinter beginnt. Kulissen werden hin und her gerückt, manchmal bauscht sich der Vorhang, dann hebt er sich wieder, und wir befinden uns in einem Palast. In der Mitte der Bühne steht ein Springbrunnen, jedoch ohne Fontäne, aus marmoriertem Holz, der Sultan, Kalif, *kaïd* (Stammesführer), was er auch sein mag, jedenfalls der Herrscher, erscheint leise in Babyrosa und stellt sich hinter eine lachlustige Dame in einer violetten Tüllhose, die auf einem silberseidenen Diwan sitzt. Links und rechts davon stehen Kandelaber mit brennenden Kerzen, der mollige Arm der sehr hübschen Dame ruht auf einem runden weißen Seidenkissen, auf das ich meinen Arm auch gern legen würde. Die Konversation wird von viel Gelächter sowohl auf als vor der Bühne unterbrochen, und ich sitze als Symbol der Beschränktheit dabei, bin aber auf jeden Fall dabei, und habe vorläufig nicht die Absicht zu gehen. Das Publikum schwätzt oder murmelt, abhängig davon, wie sich die für mich unsichtbare Erzählung entwickelt, und dann klatscht die Sultanin (wenn sie es ist) durch eine glückliche Eingebung in die schneeweißen Hände, woraufhin eine Sklavin, eine Tänzerin, ein Flötenspieler und ein Tambour erscheinen, die sich auf den Boden setzen, und während die Sultanin wie ein gezuckerter violetter Traum von ihrem östlichen Diwan aus zuschaut, beginnt die blonde Tänzerin ihren vom Sultan mit Wohlgefallen betrachteten Körper herumzuwirbeln, schneller, langsamer, schneller, von hohem Gesang begleitet, der immer wieder zu seinem Ausgangspunkt zurückkehrt, noch heftiger erneut anhebt und, von Applaus und Trommelwirbeln begleitet, in der Pause verstummt.

Ich trete auf den Balkon und blicke über die Avenue Bourguiba. Ein Negerjunge steht neben mir und lutscht ein Eis, das Eskimo heißt. Über den Bäumen der noch immer leuchtende Himmel. Unten auf der Straße der Verkehr der Rush-hour. Ein schwarzweißer Polizeiwagen versucht, sich mit einer kläglichen Sirene durchzuschlängeln. In der Ecke des Balkons stehen noch die Flaggensträuße vom Besuch des marokkanischen Königs. Unten wird ein Blinder in gelben Sandalen und einem braun und grau gestreiften Mantel am Haus der Société National d'Investissement entlanggeführt.

Es klingelt zur zweiten Hälfte. Das Bühnenbild zeigt nun eine prachtvolle antike Darstellung, wahrscheinlich ein vergrößertes Miniaturgemälde. Kleine Wellen plätschern munter durch eine arkadische Landschaft, in der Hirsche mit dünnen erhobenen Vorderläufen den Tanz der Jagd aufführen, verfolgt von schwarzen Araberhengsten, auf denen mit kostbaren Steinen geschmückte Edelleute sitzen, auf der Linken einen Falken wie einen Stein mit Klauen. Ein Diener mit grüner Mütze trägt einen toten Hirsch wie einen Pelzkragen um die Schultern, das Schilf neigt sich in einem Wind, den wir nicht spüren, und vor dieser Kulisse sprechen und bewegen sich die von ihren Kerzenlichtschatten begleiteten Märchenfiguren in der Erzählung, die ich nicht sehe und die sich langsam weiterdreht zu einem dem ganzen Publikum bekannten Ende voller Glück, das zugleich mit uns allen hinausströmt, in die Stadt, wo die Lichter schon brennen und die tausendste Nacht angebrochen ist.

Tunis, 1963

Wind und Regen

Mit einem kleinen, niedrigen Taxi fahren wir zum Flughafen El Aouina, so, wie wir auch nach Tunis gekommen sind. Der Chauffeur holt aus seinem Wägelchen raus, was er kann, denn durch ein dummes Versehen des Hotels sind wir eine gute halbe Stunde zu spät, und eine DC-8 wartet nicht. In der Eile habe ich auch noch meine Jacke vergessen, die mir der Manager des KLM-Büros in Tunis drei Tage später in meine Amsterdamer Wohnung liefern läßt, so wie ich auch bei der Ankunft am Flughafen meinen Regenschirm zurückbekomme, den ich in der vorigen Maschine hatte stehenlassen und der mutterseelenallein eine Reise nach Bengasi unternommen hatte, über die er jedoch nichts erzählen will.

Das riesige Flugzeug steht am Ende der Startbahn bereit, etwa zwei Kilometer vom Hauptgebäude entfernt, ein kleiner schneller Bus fährt uns hin, wir sind die letzten – und fast unmittelbar danach das herrliche Dröhnen, zum letzten Mal schiebt sich die in der Sonne auf dem Rücken liegende Landschaft langsam an uns vorbei, adieu, Tunis, in zwei Stunden und zwanzig Minuten setzen wir unsere Füße in ein Land von Kälte und Regen. Ein Sprung, und es geschieht, das Land fällt von uns ab, wie ein großes Segelschiff taumeln wir durch das mediterrane Blau des Himmels. Es ist mein erster Flug in einer DC-8, und ich frage, ob ich später eine Weile im Cockpit sitzen darf, was mir erlaubt wird. Rechts oben steht schon, schrecklich weiß, der Mond, und später, als wir nach Norden fliegen, steht auf der anderen Seite die Sonne, die auf der Erde noch nicht untergegangen ist, hier aber genauso rot wie bald unten hinter einem kupfergepanzerten Horizont schwarzer, böser Wolken versinkt. So fliegen wir zwischen Nacht und Tag, es geht sehr schnell, und wenn im ständig größer werdenden Heer der Wolken unter mir Löcher sind, sehe ich die weißen, verschneiten Berge Korsikas. Ein neuer, dünner Strom weißer Wolken jagt über die dunklere Schicht hinweg, und darüber wiederum fliegen, im letzten Sonnenlicht, zwei goldene Düsenjäger; ich bilde mir ein, daß es goldene Männer sind, die dort über der wilden, prächtigen Wolkenlandschaft, die sich stets verändert, dahinjagen.

Hinter mir sitzen zwei hartgesottene Amerikaner mit Tropengesichtern, die bereits in Lagos eingestiegen sind. Für sie ist es eine Busfahrt – bis zum Amsterdamer Beton spielen sie ununterbrochen Karten, große, schwarze Zigarren im Gesicht; sie sehen nicht, wie sich rechts die Nacht langsam an die Fenster klebt, während links das Licht immer irrer wird, da ist alles Gold, was glänzt, Gold am Auspuff des Jets, Gold am Rand des nun meerwasserfarbenen Tragflügels, ein goldener Nebel kommt auf, in dem ich seltsame, nie gesehene Tiere und geheimnisvolle Menschen vermute. Wir fliegen nun in einer Höhe von 28 000 Fuß, und eine Stimme teilt uns mit, daß es in Amsterdam sehr kalt ist. Der Steward bringt mich zum Cockpit. Wenn Harry Mulisch in Interviews gefragt wird, was er hätte sein wollen, wenn er kein Schriftsteller geworden wäre, sagt er jedesmal: »Pilot einer DC-8«, und ich verstehe jetzt, warum. Plötzlich ist der beleuchtete, fast saalartige Raum des kilometerhoch über der Erde dahinrasenden Riesenflugzeugs auf eine kleine, nach vorn schmal zulaufende Kabine reduziert, in der vier Männer sitzen, die es steuern. Der Laie sieht nichts, besser gesagt, er sieht eine unvorstellbare Anzahl Lämpchen, Knöpfe und Zeiger, hört kryptische Kommandos, liest unverständliche Aufschriften und sitzt mit großen Augen da wie ein Kind, das sich verlaufen hat. Der Mann mit den goldenen Streifen sitzt an einem richtigen Steuer hinter einer richtigen Frontscheibe, durch die ich nun die eisige Pfeilspitze des Gipfels vom Mont Blanc sehe und später ein schwarzes Loch, den Genfer See, über dem ein beleuchteter Hubschrauber fliegt. Hinter uns hängen auf normalen Holzbügeln ihre blauen Jacken, in Kürze zwingen sie das gewaltige Schiff nach unten, stehen auf, ziehen die Jacken an und gehen nach Hause. Drinnen muß man sich schon anschnallen, ich gehe zurück zu meinem Platz, wir landen sanft, fast ohne Rucken, die Amerikaner pokern immer noch, wir fahren langsam über das Rollfeld zum Flughafengebäude, ich sehe, wie der Wind über den Beton jagt, und höre den Regen ans Flugzeug schlagen, das vor zweieinhalb Stunden noch in der Sonne stand, in Afrika.

Mondland Mali

Es ist die Nacht des 19. November 1968. Auf dem noch schwarzen Niger fährt die *Général Soumaré*, ein umgebautes westdeutsches Vergnügungsschiff, das während der Regenzeit in Mali als Passagierschiff zwischen der Hauptstadt Bamako und den Städten Mopti, Timbuktu, Koulikoro und Gao eingesetzt wird, eine Reise, die Wochen dauert. Obwohl es Nacht ist, sind alle Passagiere wach. Sie stehen an der Reling oder sitzen an den kleinen Fenstern ihrer Kabinen und lauschen den Transistorradios oder, besser gesagt, dem Schweigen der Transistorradios. Während das Leben im übrigen Teil der Welt weitergeht, Präsidenten sich in ihren Betten umdrehen und die ersten Morgenzeitungen in Europa von den Druckerpressen rollen, vollzieht sich in Mali, einem Land, von dem kaum einer weiß, wo es liegt, einer heißen, brennenden, bettelarmen afrikanischen Republik, größer als Frankreich und Deutschland zusammen, aber hauptsächlich aus Sand bestehend, ein langsamer, schweigender Umbruch. Denn die stillen Männer an Bord der *Général Soumaré* sind keine normalen Passagiere, und die gespannt Wartenden an der Anlegestelle von Koulikoro, sechzig Kilometer von der Hauptstadt entfernt, keine normalen Abholer. Dies ist die letzte Nacht, in der Modibo Keita Präsident von Mali ist, und er weiß es, sein Gefolge an Bord weiß es, die wartenden Militärs am Kai wissen es, und die vierzehn Offiziere, die unter ständiger Lebensgefahr auf ihre Chance gewartet haben, wissen es ebenfalls. Noch einen Augenblick, dann wird mit der fledermausartigen Geschwindigkeit, die den Tropen eigen ist, die Nacht weggezogen, die Welt sichtbar werden. Und die sieht so aus: Trocken, ohne viel Mitleid mit Mensch und Tier, braun wie das Wasser des Flusses, eine schlammfarbene Schlange, die faul in der kahlen Savanne liegt. Doch bevor der Tag anbricht, knackt etwas in den Transistorradios. Die Männer auf dem Schiff hören es, die am Anleger und alle im Land, die bereits wach sind. Das Geklimper eines Saiteninstruments, eine Melodie, die jeder erkennt, und dann eine Stimme, die ebenfalls jeder erkennt, die Stimme des blinden Sängers Banzoumana, jahrelang verboten, weil er sang, daß eines Tages alle Mächtigen umkommen würden. Über sein Instrument sind in Mali die wunderlichsten Geschichten im Umlauf. Es kann fliegen, und wenn Banzoumana schläft, spielt es allein. Jetzt ist ein Zeichen gegeben worden, und alle wissen es.

Eine Ära ist vorbei. Wie Guinea ging auch Mali seinen eigenen Weg. Es kehrte sich von der Französischen Gemeinschaft ab und damit von dem sich auf Frankreich stützenden Zentralafrikanischen Franc, und es entfremdete sich seinen traditionellen Handelspartnern. Es entschied sich für einen glühenden, doktrinären Sozialismus und gegen den Weg seiner Nachbarn. Modibo Keita, einst einer der vergötterten Gründerväter der afrikanischen Unabhängigkeit, Präsident der unmöglichen Föderation Senegal-Mali, die bereits 1960 an Blutarmut verschied, zunächst einfacher Lehrer und im Eilzugtempo, mit einem Umweg über das Gefängnis, Vizepräsident der französischen Nationalversammlung, französischer Staatssekretär und schließlich auf dem höchsten Stuhl eines der ärmsten Länder der Welt gelandet, ist am Ende seiner Reise angelangt. Die Ehrenwache am Kai erweist ihm den präsidialen Salut. Die Bevölkerung jubelt. Der Präsident grüßt zurück und begibt sich zu seinem Wagen. Die Fahne wird gegrüßt, Hände werden geschüttelt. Zehn Kilometer weiter stößt der lange schwarze Wagen mit dem rot-gelb-grünen Wimpel auf einen russischen Panzer. Ein kleiner Leutnant in Fallschirmjägeruniform geht auf den Präsidenten zu, faßt ihn am Arm und führt ihn zu einem Lastwagen. Am Nachmittag verkündet Leutnant Moussa Traoré über die dreißigtausend Radioapparate im Land, daß das Regime gestürzt sei. Mali, noch keine zehn Jahre unabhängig, ein Land mit vier Millionen Bewohnern, 4 500 Personenwagen, etwa 250 Mark Bruttoeinkommen pro Kopf und Jahr, 7 Zahnärzten, 108 Ärzten und 4 640 Telefonen, ist in diesem Moment mit 120 Milliarden Mali-Francs verschuldet – mit 32 bei Rußland, 26 bei Frankreich, 23 bei China,

7 bei Ägypten, 6 bei Ghana. Ein Mali-Franc entspricht 0,01 französischen Francs. Das Land balanciert am Rande des Bankrotts, der Handel ist so gut wie tot, die Geschäfte am großen Markt sind leer. Immer weiter nach links getrieben von der Chinafraktion in seiner Partei, der Union Soudanaise, durch den Mangel an Rohstoffen, technischem Know-how, eine unmäßig aufgeblähte, lähmende Bürokratie sowie das Abschrecken nahezu jeder Auslandsinvestition in einen dramatischen Teufelskreis von Unvermögen, neuen Anleihen und immer unpopuläreren Maßnahmen verstrickt, beschließt Keita 1967 gegen die Hardliner der Chinafraktion, wieder wirtschaftliche Annäherung an Frankreich zu suchen. Doch selbst die fünfzigprozentige Abwertung, die dazu gehört, kann das Schiff nicht mehr retten. Schwer angeschlagen durch dogmatische Verblendung, Betrug und eine ungeheure Unzufriedenheit in Stadt und Land (es gibt keine Hirse mehr, keinen Tee, kein Benzin, keinen Zement, kein Geld), sinkt es immer weiter. Zu diesem Zeitpunkt ist das Parlament längst aufgelöst, Oppositionsführer sind unter nie geklärten Umständen ermordet worden, und sogar China hat oder gibt kein Geld mehr, um den Staat über Wasser zu halten. Die Armee besteht aus dreitausend Mann. Sie hat russische Waffen, russische Panzer, russische Ausbilder. Die Offiziere haben eine französische Ausbildung genossen, ironischerweise vervollständigt durch Feldererfahrungen in Algerien und Indochina. Die höheren

Offiziere sind von vorbildlicher Treue, weniger zum Präsidenten als vielmehr gegenüber der eigenen Position. Die nach ihnen kommende Generation ist gefährlicher, doch Keita kann auf eine gute Berufsarmee nicht verzichten, weil er von Zeit zu Zeit Schwierigkeiten mit den wilden, unabhängigen und angriffslustigen Tuareg aus dem Norden und Osten hat. Herren über eigene Saharagebiete, haben sie vor den Schwarzen in dem in ihren Augen kaum existierenden Staat mit den unsichtbaren Grenzen wenig Respekt und müssen von Zeit zu Zeit in ihre Schranken verwiesen werden. Trotzdem wird es die Armee sein, die die Macht des Präsidenten bricht, und die jungen Leutnants spielen ihr Spiel gut. Aus dem Volk hervorgegangen, in verschiedenen Garnisonen überall in dem endlosen, weiträumigen Land dienend, werden sie sich der allgegenwärtigen Unzufriedenheit, der Passivität, der Leere der Mägen, kombiniert mit der Hohlheit der Phrasen, bewußt. Sie beginnen ein schleppendes Pokerspiel mit allen Möglichkeiten, ein sicherer Tod bei eventuellem Scheitern. Sie sind nicht gegen den Sozialismus, wie sich später herausstellen wird, wollen aber ihr Land aus den Händen des Klüngels retten, der es nicht mehr regieren kann. Jetzt, zwei Jahre später, sitzt Modibo Keita irgendwo in der Sahara gefangen, und Mali wird von den Leutnants regiert, die den Staatsstreich durchgeführt haben. Einer starb danach, dreizehn blieben übrig, und damit ist Mali das einzige Land der Erde, das von dreizehn Leutnants regiert wird. Überall sind ihre Fotos zu sehen: dreizehn sehr ernste schwarze dreißigjährige Gesichter, dreizehn Männer in grüngefleckter Fallschirmjägeruniform, die es auf sich genommen haben, eines der verlorensten Länder Afrikas aus dem Dreck zu ziehen.

Sehr weit entfernt ist Dakar nicht, aber wenn man einen schlechten Flug erwischt, überfüllt, mit Zwischenlandungen in Paris, Bordeaux, Las Palmas, kommt man als übermüdeter Sack weißer Bohnen an – trotz der Tatsache, daß man in zehn Kilometern Höhe und für zehn Mark per Kopfhörer einer Schlagzeugkomposition von Peter Schat[1] lauschen darf. Den Flughafen Dakar kannte ich von anderen Jahreszeiten her, dampfend heiß, doch jetzt wehte sogar so etwas wie eine kühle Meeresbrise. Die Ankunft war chaotisch. Für afrikanische Flughäfen muß man eine vatikanische Abgeklärtheit besitzen – Aufregung ist völlig sinnlos, und nach dem ganzen Durcheinander ist man schließlich doch draußen, und alle lieben dich immer noch.
Noch benommen vom Flug steht man in einem hohen gelben Raum, umringt von einer begierigen Menge, die Geld wechseln, Koffer tragen, eine Unterkunft besorgen will, und einem ziemlich strengen Beamtenkordon, der Pässe akribisch studiert und Fragen stellt. Und dann öffnet sich die Tür Afrikas, und ich fahre am Meer entlang zum Hotel, etwa fünfzehn Ki-

lometer außerhalb von Dakar. Es ist berühmt in Afrika und, wie alle anderen Hotels in Dakar, immer ausgebucht. So auch jetzt. Aber das Zimmer ist doch schon vor einem Monat reserviert worden? Nein, nein. Doch, bitte sehr, hier ist das Papier. Papier, haha! In meinem Buch steht nichts. Lange, sehr schöne schwarze Hände wandern durch die Seiten, können mich aber nicht finden. Es wird telefoniert, geredet, zum Schluß geschrien, draußen rauschen die Palmen und dahinter das Meer, und mich zieht es ins Bett. Eine Stunde später darf ich. In einer richtigen Hütte, zwanzig Meter vom Ozean entfernt, der tost wie ein aufsteigender Düsenjäger. Ein Diener in imposanter weißer Pluderhose und weißen Schlappen geht mir auf dem dunklen Weg voran. Die Luft ist salzig und feucht, irgendwo knarrt ein Frosch, alles riecht schwer und würzig, und ich fühle, ich bin in Afrika. Am Himmel stehen so viele Sterne, daß man meinen könnte, die Lichter der Fischerboote weit draußen auf dem Meer gehörten auch dazu, Sterne, die auf dem Wasser schwimmen. Mich kommt für einen Moment kosmischer Hochmut an, ich verspüre eine metaphysische Beziehung zum verschwenderisch ausgestatteten Firmament, gemildert durch klischeemäßige Vorstellungen wie: »Heute morgen noch in Amsterdam, und jetzt schon in ... etcetera«, und gehe daher schlafen, ein Supermarkt-Stanley des 20. Jahrhunderts in einer Hütte mit Dusche.

Der nächste Morgen bietet altertümliche Szenen.

Sprenger halten das Gras beperlt und damit weich für die weißen Füße, eine bildschöne Schwarze kommt vorbei, ein mürrisches weißes Kind auf der Hüfte, ein sehr langer Schwarzer führt einen eindeutig weißen Hund Gassi, die Welt ist geregelt. Als ich es später jemandem beschreibe, dessen soziales Denken eher von Zahlen denn von Gefühlen gesteuert wird, zuckt der mit den Achseln und sagt: »Was willst du? In allen Hotels der Erde gibt es Bedienstete. In Spanien sind sie weiß und in Afrika eben schwarz.«

An diesem Vormittag versuche ich, beim IFAN (Institut Fondamental de l'Afrique Noire) einen Professor aufzusuchen, der mir Empfehlungsschreiben für Mali geben kann, aber er ist nicht da. »Vielleicht heute nachmittag.«

Die Stadt ist voll und hektisch. Viel Gerufe und Gehupe im fröhlichen Morgenlicht, ein Markt voller Fische und Farben, und dann auf einmal ein neuer Freund. Strahlend kommt er auf mich zu in seiner gepflegten europäischen Kleidung und ruft: »Ha! Bernard!«, schüttelt mir die Hand, klopft mir auf die Schultern und kann einfach nicht glauben, daß ich nicht Bernard bin. Nicht? Aber du wohnst doch im Hotel N'Gor? Ja, schon. Aber dann haben wir gestern miteinander gesprochen? Nein. Doch er hat mich bereits beim Arm gefaßt und führt mich über den Markt. Ja, er ist Student. Natürlich, Senghor ist ein großer Mann, aber trotzdem werden die Studenten streiken, wenn Pompidou kommt. Der Präsident ist viel zu dick befreundet mit den Franzosen. Währenddessen jagt er mit befehlenden Gebärden alle möglichen Jungen weg, die mir etwas verkaufen wollen, deutet auf ein pseudo-antikes Instrument mit kleinen Brettern, die alle einen anderen Ton von sich geben, eine Art Gamelan, sagt, dem hätten die Europäer das Klavier abgeguckt, und nennt mich weiterhin herzlich Bernard; sein tänzelnder Schritt und der umwerfende Augenaufschlag bleiben im Einklang mit dem Rest des sonnigen Geschehens, und dann kommen wir zu einem Café, wo er findet, ich müsse Kaffee trinken, und ausrechnet, wir seien bis jetzt für ungefähr fünf Gulden spazierengegangen. Altholländischer kolonialer Handelsgeist vermag den Betrag auf zwei CFA-Francs zu reduzieren, mit denen er grollend abzieht, auf der Suche nach dem nächsten Bernard.

Ich schlendere noch ein wenig umher, kaufe Gedichte des vor kurzem ums Leben gekommenen David Diop (»Lausche dem Schrei von hundert Völkern, die ihre Fesseln sprengen / lausche meinem Blut so vieler Jahre der Verbannung / Dem Blut, das Wilde in einem Sarg aus Worten trocknen lassen / Finde das Feuer wieder, das den Nebel durchbricht / Lausche Genossen des jahrhundertealten Brandes / nach dem schwarzen Ruf Afrikas an die Amerikas / Es ist das Zeichen der Morgenröte / das Bruderzeichen, das den Traum der Menschen nähren wird«).

Und von Léopold Senghor (»Totem / ich muß ihn in

meinen fernsten Adern verbergen / den Ahnen mit seiner Haut aus Sturm, durchschossen von Wetterleuchten und Donner / meinen Tier-Wächter, ich muß ihn verbergen, damit ich die Mauer des Skandals nicht durchbreche / er ist mein treues Blut, das Treue fordert / und meinen nackten Stolz beschützt / vor der Geringschätzung glücklicherer Rassen«).

Eine halbe Stunde später sitze ich zwischen anderen Totems; Totem Gitane, Totem Rafael Quinquina, Totem Pernod, Totem weiße Leiber im Bikini, Totem Krebs und Totem Auster, alle zusammen auf einer terrassenartigen Enklave, die man auf Pfählen hoch über dem Ozean erbaut hat. In der Ferne, auf einem paradiesischen Hügel, winkt der Palast des Dichter-Präsidenten, die Sonne knallt vom Himmel herunter, am Strand liegen die schwarzen Körper, ich knacke eine Garnele und lese in *Le Soleil,* daß sich ein junger Mann in der Avenue Lamine Guèye aus dem vierten Stock gestürzt hat, daß die Armee in China ihre Macht ausweitet, daß der Catchweltmeister Power Mike im Stadion Demba Diop zu einem Kampf antreten wird und daß der Botschafter von Guinea Dakar unverzüglich zu verlassen hat.

Wer jetzt noch auf der Straße unterwegs ist, geht langsamer. Später am Nachmittag spaziere ich noch einmal zum IFAN und treffe meinen Mann an. Zum erstenmal mache ich Bekanntschaft mit dem merkwürdigen, spinnwebartigen Mißtrauen, das ich danach noch so oft in Mali antreffen werde. Empfehlungsschreiben? Informationen? Aber wer schickt Sie denn? Erst als sich herausstellt, daß ich einen Artikel von ihm in *Présence Africaine* gelesen habe, daß ein Sekretär von Chaban-Delmas[2] mir seinen Namen genannt hat, fahren wir gemeinsam zu einer Caféterrasse am Meer. Heute sehe ich in meinem Notizbuch, daß eine Frau mit einem turmhohen silbernen Kopftuch vorbeigekommen sein muß, daß ein brauner Geier über dem Strand schwebte, ein Räuber, wie bei uns die Möwen, und daß ein wildvioletter Stofflappen auf ein paar schwarzen Felsbrocken lag, aber eigentlich erinnere ich mich nur noch an das Ende des Gesprächs, als er sich an seinem Auto zu mir drehte und sagte: »Soyez discret«, und, nachdem er eingestiegen war, aus dem Fenster hinzufügte: »Und nennen Sie meinen Namen nicht.« Aber Holland, so weit, und wer liest das schon? »Ja, aber trotzdem.« Er hat mir dann eine Liste mit Namen gegeben, Minister, Leutnants, Schriftsteller, prophezeit aber, daß niemand mit mir wird sprechen wollen. »Mein Land befindet sich gerade im Übergang. Jeder achtet auf jeden. Und jeder kennt jeden. In Ländern wie dem unseren ist die Elite nur klein. Alle sind irgendwie miteinander verwandt.« Er erzählt mir von der im Vergleich zu Europa viel angeseheneren Position des Intellektuellen in Afrika. »Die afrikanische Masse empfindet große Bewunderung für und Vertrauen in die Bildung, die sie selbst nicht genossen hat.« Er ist Moslem, »so wie Sie vielleicht Katholik sind«, sagt aber, daß trotz mehrerer hundert Jahre Islam der Animismus bis dicht unter der Oberfläche nach wie vor große Macht hat. »Sie dürfen nicht vergessen, im Gegensatz zum Islam kennt der Animismus keine Sünde. Das ist ein Begriff, der uns eigentlich fremd ist.« Senghor ist, obwohl er ihn bewundert, für ihn ein »weißer Neger«, und das Buch seines Landsmanns Ouologuem, *Das Gebot der Gewalt*, ein in aller Welt übersetzter Roman, eine gewalttätige Privatmythologisierung malischer Zustände, tut er ab als »europäisches Buch«. »Alles, was Sie darin an Erotik finden, ist erlogen. Es ist europäische Erotik. Für den afrikanischen Mann existiert die Frau nicht. Damit werden alle Ihre Vorstellungen von Erotik ungültig, nicht wahr?«

Eine weitere kosmische Nacht in meiner Hütte, und dann zum Flughafen, wo die Hölle ausgebrochen ist. Vor dem Schalter der Air Afrique haben sich Gladiatoren in den Kampf geworfen. Jeder will als erster einchecken, und dadurch dauert alles viel länger. Es ist der absolute Hexenkessel, es wird geschubst, gerammt, reiche Senegalesen lassen Träger für sich schreien und drängeln, die Abflugzeit rückt näher, und der arme Bleichschnabel aus Holland ist noch keinen Schritt weiter. Leichte Panik. Es gibt nur eine Maschine nach Bamako pro Woche, also: die Instinkte gegürtet und mitgeschubst. Eine halbe Stunde später entsteige ich mitsamt Ticket dem schwitzenden, schreienden Haufen. Ein dicker amerikanischer

Schwarzer kommt auf mich zu und fragt: »Würden Sie dem Mann bitte erklären, daß ich ihn nicht gebeten habe, meinen Koffer einchecken zu lassen. Er will Geld, und ich habe dieses Scheißgeld nicht mehr.« Der Träger, noch schwitzend vom Mich-beiseite-Schieben, steht in seinem langen braunen Boubou da wie das Standbild des Bittstellers und lispelt von Zeit zu Zeit »Dollar, Dollar«, was den Intentionen der Dichter der Négritude wohl nicht entsprechen dürfte. Tatsache ist, daß viele Afrikaner eine ausgesprochene Abneigung gegen amerikanische Schwarze haben, ein Fall von beiderseits durcheinandergebrachter Optik. Der Amerikaner, ob schwarz oder nicht, der sich eine Gesellschaftsreise nach Afrika leisten kann, muß außerhalb der Großstädte mit einem für ihn unvorstellbaren Mangel an Komfort zurechtkommen. Der Schwarze in einer solchen Reisegesellschaft, der zwischen seinem Abstammungstraum und einem schwer zu unterdrückenden bürgerlichen Überlegenheitsgefühl in bezug auf die für ihn »primitiven« Rassegenossen hin und her schwankt, macht auf die Afrikaner häufig einen – gewollt oder nicht gewollt – arroganten Eindruck. Er findet es schwierig, sich in Gesellschaft von Weißen und des Französischen nicht mächtig von Schwarzen bedienen zu lassen, wird aber amerikanisch-grätig, wenn es zu lang dauert. Selbst mit wieder ganz anderen Komplexen beladen, schnalle ich mich auf dem letzten verbliebenen Sitz der Caravelle an und ertappe mich bei der

Frage, ob uns ein weißer oder ein schwarzer Pilot fliegen wird. Was ist das? Flugneurose oder doch eine in der Kniekehle verborgene rassistische Angst? Doch Schwarz ist die Farbe des Piloten, in Afrika abzustürzen ist besser, als in den Moorkolonien zu verrecken, und nach einem mehrstündigen Flug über eine völlig ausgedörrte, steinige Landschaft landen wir in Bamako. Das ist doch mal was anderes. Heiß. Der Boden trocken und staubig. Und die merkwürdige Stille eines Flugplatzes, auf dem lediglich eine Maschine steht. Man dreht sich um, und da steht es, das Ding, in dem man gerade geflogen ist, ein prähistorischer Koloß, und darunter ein paar Menschen. Die meisten fliegen weiter nach Ouagadougou, der Hauptstadt von Obervolta.

Zu mir gehört bereits ein kleiner, gedrungener Mann mit einem Lumumbaspitzbart. Das ist eine Kunst. Der eine beherrscht sie und der andere nicht. Es passiert in Südamerika, in Spanien, in Marokko, in ganz Afrika. Jemand, der sich zu einem gesellt, der einen adoptiert. Er schaut außerordentlich grimmig, sagt kein Wort und wird ein großer Freund. Ich hatte in diesem immerhin totalitär regierten Land eine strenge Kontrolle erwartet, doch der Blick auf dem Staatsporträt von Leutnant Moussa Traoré ist eher melancholisch als streng, und die ganze Ausfüll- und Gesundheitszeremonie geht mit sanfter Ergebenheit vonstatten. Zehn Minuten später sitzen wir in einem grün und grau angemalten alten Peugeot. Gestern war ich noch in einem Land, das ich auch schon Afrika nannte. Doch das hatte etwas Verlockendes, Leichtes, Gefälliges. Hier ist Schluß mit allem Unsinn. Mali ist riesig, eine ergreifende, massive, fruchtlose Unendlichkeit, trocken und verlassen. Eine Landschaft, die unvorstellbare Kraft und zugleich eine beispiellose Melancholie zum Ausdruck bringt. Ein Mondland, aber mit Menschen. So, das reicht, denke ich, als ich das denke, doch wie alle extremen Landschaften nistet sich auch diese in mir ein, um nie wieder zu verschwinden.

Vor dem Hotel gibt mir der Fahrer seine Karte. *Yanussa Sagou, Chauffeur, Transporteur, Oulofobougou, Rue 106 × 137, Bamako, République du Mali*. Ein Entrinnen ist nicht mehr möglich. Zu Fuß gehen wird schwierig. Er kommt heute nachmittag um drei Uhr wieder. Das Hotel ist zu schön, um wahr zu sein. Ein schmutzfarbener kolonialer Kasten an einer Straße mit irrsinnig hohen Bäumen. Die Eingangshalle ist eine Art Atrium, wo sich alles mögliche abspielt. Bedienstete mit langen grünen Pluderhosen und einem unbestimmten, trägen Lächeln ziehen durch die Kulisse, die in Nationaltracht gewandete Schwarze an der Rezeption ist ebenfalls viel zu schön, und in den Sesseln sitzt die Art von Volk, die in schlechten Filmen immer auf einen Haufen geworfen wird, wenn wieder einmal eine internationale Linienmaschine in einer unerreichbaren Wüste notlanden muß. Das reicht von dubiosen, mafiosen Maskenhändlern, ehrenamtlichen Entwicklungshelfern, die für einen Tag aus dem Busch in die Stadt gekommen sind, schallend lachenden genialen Schwarzen, die gerade wieder eine neue Ladung frisch angefertigter Masken mit ein wenig Salzsäure in der Erde vergraben haben, bereit zum Export im nächsten Jahr, bis hin zu einem Angehörigen einer finnischen Handelsmission, drei steinalten Australierinnen sowie einem Leutnant in Fallschirmjägeruniform mit aufgerollten Ärmeln, einem streng blickenden Angehörigen der neuen Elite. Die große Welt! Mein Zimmer ist ein hoher grauer Raum. An der Wand eine deutsche Reklame, »Adel verpflichtet«, an der Decke ein Riesenpropeller und in der Außenwand, in einem grob herausgehauenen Loch, eine Klimaanlage, die mit einem donnernden Knall loslegt und auch weiterhin so viel Lärm macht, daß ich sie abschalte. Auf dem Bett eine knallharte Strohrolle und ansonsten nur die Erinnerungen an die heißen Nächte längst zu Staub zerfallener Kolonisten.

Ich kaufe einen Stadtplan, entwische Yanussas wachsamem Blick und gehe dorthin, wo sich meiner Meinung nach der Markt befinden muß, entlang der Bahnlinie, die aus Dakar kommt und hier in Bamako steckengeblieben ist, vorbei am Leprainstitut, vorbei an einem aschgrauen Mann, der wie tot im Straßenstaub liegt. Es wird langsam heiß. Und dann passiert es. Ich kann es nicht anders nennen: Ich stehe auf dem Markt und stürze kopfüber in eine andere Zeit, eine andere Wirtschaft, ein anderes *Verhalten*, ich falle aus meiner Welt und nicht in die ihre, werde zu einer Art schrecklichem *outcast*, einem wahren Fremden. Das erste, was mir dazu einfällt, ist, daß es alttestamentarisch ist, was immer das bedeuten mag. Wahrscheinlich meine ich damit nur »uralt« im Sinne von altertümlich, etwas, das hätte untergegangen sein müssen, etwas, das schon lange nicht mehr existiert. Nirgendwo, in keinem einzigen anderen Land, habe ich dieses Empfinden gehabt, immer gibt es irgendwelche Vorbehaltsklauseln, Verweise. Hier nicht. Eine tausendköpfige Menge, die sich über Kilometer erstreckt, sich glücklich in sich selbst bewegt, alle möglichen Stämme und Kleider, jeder ganz mit etwas beschäftigt, Gruppen von Männern in weiten Umhängen mit Turbanen, heulende Schafe, Erzväter, Frauen mit Kindern auf dem Rücken, getrocknete Fische, Hirse, Schilf, merkwürdige Steine, schlammfarbene Soßen, Früchte, Herzen, Därme, Gewürze. Mir schwindelt buchstäblich, aber ich kann nicht mehr aufhören, immer weiter gehe ich hinein. Niemand versucht einen, wie in Dakar, mit Dingen zu verfolgen, die man überhaupt nicht haben will, wenn mich nicht ab und an jemand anlachte, würde ich glauben, unsichtbar zu sein. Jetzt verstehe ich den französischen Ausdruck »un bain de foule«, ich nehme ein Bad in der Menge, tauche ein in eine Lebensart, deren letzte Schatten bereits vor Jahrhunderten aus meiner Welt verschwunden sind – noch während ich hier bin, packt mich das Heimweh. Noch nie im Leben habe ich so viele schöne Menschen gesehen – die Frauen gehen wie balinesische Tänzerinnen, niemand trägt europäische Kleidung, ein schwebendes, schwingendes, schreiendes Farbenmeer. An einem kleinen Wagen trinke ich ein Stork *(la bière adaptée au climat)* und merke, daß ich mir einen Hut kaufen muß, der arme weiße Kopf ist dem allen nicht gewachsen, doch der einzige, den ich bekommen kann, ist ein schwerer, in einer hohen Spitze auslaufender, aus Zweigen geflochtener vietnamesischer Hut. Solchermaßen unbeschreiblich vermummt, wandert 006 zurück ins Grand Hôtel und schluckt seine tägliche Chinintablette gegen Malaria.

Nun beginnen Tage voller Sinn und Unsinn. Verschiedene Szenarien laufen durcheinander. Das erste Szenarium ist das des Journalisten, der zuviel wollte, der die sich aus den so unterschiedlichen Bevölkerungsgruppen und ihrer Geschichte ergebenden Komplikationen verstehen wollte, der in Paris eine Reihe von Abhandlungen über die mythischen Kaiserreiche gekauft hatte, die es zur Zeit unseres Mittelalters in Mali bereits gab und von denen kaum materielle, dafür aber viele orale Erinnerungen übriggeblieben sind, der hier jedoch an einem Zuviel an mitgebrachter Spezialdokumentation und einem Zuwenig an historischer Sichtbarkeit scheitert. Unter den dreiundzwanzig (!) verschiedenen »Bevölkerungen« sind die Bambara, die Peul, die Senufo, die Tuareg, die Mauren, die Sarakole, die Songhai und die Malinke die wichtigsten. Sie sind in hierarchische Kasten unterteilt. Sie erkennen die Herkunft anderer an deren Namen, wissen, selbst in diesem Jahrhundert noch, ob sie aus einer Familie von Kämpfern, Aristokraten, Sängern, Schmieden, freigelassenen Sklaven oder Händlern stammen. All diese Nuancen entgehen dem oberflächlichen Besucher, und ich frage mich, was schlimmer ist: es einfach nicht zu wissen oder sich quälend bewußt zu sein, daß einem ein wesentlicher Teil einer Gesellschaft völlig entgeht.

Für junge afrikanische Intellektuelle ist dies ein schwieriger Streitpunkt. Einerseits stolz auf ihre Geschichte, die aus Vielfalt, inneren Auseinandersetzungen und jahrhundertealten Traditionen besteht, wollen sie diese bewahren, abgrenzen gegen die ihnen aufgezwungene europäische Geschichte, die für sie soviel weniger real ist, bestenfalls ein ebenso tribalistischer und gefräßiger Interessenkampf, der nur deshalb gelernt werden muß, weil Europa hier noch immer viel zu sagen hat. Andererseits soll nun gerade dieser Aspekt ihrer Geschichte ausgemerzt werden, soweit er noch immer alltägliche Realität ist: Denn wie will man einen modernen Staat schaffen, der schon gleich zu Beginn an antiquierten Gegensätzen und Traumata scheitern könnte? In einer Schrift der Regierung von Mali heißt es dazu: »Mit dem Ziel, die Sitten und Bräuche des Landes zu vereinen und zu demokratisieren sowie die sozialen Strukturen der modernen

Entwicklung anzupassen, hat eine kürzlich getroffene Maßnahme der Regierung dem Unterschied zwischen Rassen und Kasten innerhalb der Landesgrenzen ein Ende gemacht.« So einfach wird es wohl nicht sein. Wenn ich mit Yanussa auf den Straßen oder dem Markt herumgehe, zeigt er mir untrüglich, wer von wo kommt, jetzt oder schon vor längerer Zeit, und als ich mit einem in Bamako lebenden Schriftsteller das Telefonbuch durchgehe, dreht sich alles nur um Kaste und Rasse. Das wird zwar anekdotisch gebracht, als nicht mehr existierend und ohne wirkliche Konsequenzen, doch bei seinem eigenen Namen merkt er an, daß dieser (Diabété) »Barde« bedeute, daß im Grunde damit überall und für jedermann eine soziale Schicht erkennbar sei und daß alle »Barden« einander bis in den Tod beizustehen hätten, daß das natürlich nicht mehr so sei, aber dennoch ... und so weiter. Das Ntu-Editorial (Ntu ist Bantu und bedeutet Mensch oder Menschheit) drückt es noch deutlicher aus: »Wir wollen mit der europäischen Methode brechen, die die Afrikaner in Neger, Bantu, Niloten, Hamiten usw. einteilen will. Diese Unterscheidungen sind für uns sinnlos, weil sie nicht auf einer Tiefenanalyse der afrikanischen Philosophie beruhen. Ihre imperialistische Klassifikation interessiert uns nicht, es geht um unsere gemeinsame Haltung gegenüber dem Leben, der Kultur, den Traditionen (...).«

Unterdessen graben die afrikanischen und europäischen Schatzsucher in aller Ruhe weiter. Wer sich im Afrika-Institut in Leiden einen Überblick über die unvorstellbare Menge und Vielfalt an historischen, ethnologischen, soziologischen Studien verschafft, dem beginnt es schon bald zu schwindeln, und dieses Schwindeln führt bei mir zu einem Knockout der Bewunderung, wenn man sich klarmacht, daß jede dieser Studien eine Arbeit von Jahren ist, jedes kleine Spezialgebiet oft eine restlose Identifizierung mit dem Thema bedeutet, was wiederum endloses und geduldiges Forschen vor Ort, oft unter äußerst schweren Bedingungen, bedeutet, ein Graben und Freilegen in dieser unermeßlichen Schatzkammer der Sprache, Philosophie und Tradition, die Afrika ist. Ich greife auf gut Glück irgend etwas aus den Themen zweier willkürlich gewählter Ausgaben der *Cahiers d'études Africaines* heraus, die bei Mouton in Den Haag erscheinen: »Psychose und sozialer Wandel bei den Tallensi im nördlichen Ghana; Der nordafrikanische Staat Tahert und seine Beziehungen zum westlichen Sudan am Ende des 8. und während des 9. Jahrhunderts; Einheit und Dualismus des Begriffs des ›Bösen‹ bei den östlichen Bantu; Der feudale Charakter des politischen Systems der Mossi; Bericht der ethno-linguistischen Mission im Kamerun; Psychopathologische Studie der Wanderbewegungen im Senegal.« Mit anderen Worten: Man kann sich arm kaufen und blind lesen, und mir als Laien bleibt davon: Nun, da ich hier bin und mich umsehe, habe ich das Gefühl, das ich als Kind hatte, als ich zum erstenmal auf Eis ging, auf den frisch zugefrorenen Loosdrechtse Plassen, eine geheimnisvolle Welt unter den Füßen, voll von Pflanzen, Tieren, Geheimnissen, nicht zu deuten, aber sehr präsent.

Das zweite Szenarium ist noch viel aberwitziger. Wer in Mali fotografieren will, benötigt eine Genehmigung. Und wer berufshalber fotografieren will, benötigt noch viel mehr Genehmigungen. Die haben wir nicht, und sich ohne Genehmigung an die Arbeit zu machen ist riskant, da man für gewöhnlich sofort verhaftet wird und es Insidern zufolge höllisch schwer ist, den Zuwiderhandelnden wieder aus seiner Zelle zu kriegen. Bewaffnet mit großartigen Instruktionen, eröffnen wir den Reigen durch die Ämter. Vergiß es! Tagelang prallen wir gegen eine Mauer höflicher Bürokratie, unsinniger Bestimmungen, verirren uns in einem Labyrinth glutheißer Warteräume. Die Bestimmung, so erklären uns immer wieder andere geschliffene Herren an immer wieder anderen Schreibtischen, ist eine Hinterlassenschaft des vorigen Regimes, als jegliche Freiheit eingeschränkt war. Aber dieses Regime ist doch schon seit zwei Jahren verschwunden! Ja, aber die Bestimmung gibt es noch. Alle sind sich darüber einig, daß sie unsinnig ist und in diametralem Gegensatz zu allen Regierungserklärungen steht, wonach man den Tourismus fördern wolle. Wir steigen immer höher, rauchen Dunhills mit kleinen, Deutsch sprechenden Schwarzen in europäischen Anzügen und Sobranies mit großen, Französisch sprechenden Schwarzen in wildbestickten Boubous, bekommen auf diese Weise eine Menge Freunde, nicht aber das gewünschte Papier. Abends, bei einem Whisky in der staubigen Bar des Grand Hôtel, wird uns erläutert: Der eine will die Genehmigung nicht vor dem anderen erteilen, jeder ist auf der Hut, jeder möchte gedeckt sein, »diese Bürokratie ist unser Fluch, darum geht nichts und klappt nichts«, und dann kommen die Geschichten von einem italienischen Journalisten, der etwas Häßliches geschrieben habe, und andere europäische Kommentatoren hätten sich auch nicht eben schmeichelnd ausgedrückt. Ich weiß gar nicht mehr, wie das alles ein Ende fand, jedenfalls kam eines Tages irgend jemand von irgendwoher aus dem Ausland zurück, der seine goldene Unterschrift unter das Papier setzte, und jetzt können wir mit dem dritten Szenarium beginnen, dem von Yanussa. Der wiederum hält das ganze Getue um diese Genehmigung für Blödsinn. Wenn wir ihn die Sache hätten regeln lassen, sagt er, wäre alles längst in Ordnung. Auch von dem Besuch eines fern der Stadt gelegenen Naturparks hält er nichts. Er habe schon so oft »toubabs« (Weiße) dorthin gebracht, und dann hockten die den ganzen Tag herum und warteten, bis ein Elefant vorbeikäme, und wenn der nicht käme, denn es gebe fast keine, seien sie böse. Warum wir nicht in den Zoo gingen? Da sind die Elefanten einfach zu Hause. Also fahren wir in den Zoo, der zwischen der Stadt und dem Präsidentenhügel liegt. Unterwegs, nach den letzten alten Kolonialhäusern, sehen wir in hellen Farben gemalte Schilder, die Flugreisen nach Budapest, Ost-Berlin und Moskau anpreisen, ein leiser Wink für den Präsidenten, der hier täglich in einer schnellen DS, umgeben von einer klassischen Eskorte ernst blickender Motorradfahrer, vorbeifährt. Weil die Stadt so klein ist, habe ich ihn schon ein paarmal gesehen, einen langen, athletischen Mann mit traurigen Augen. Zusammen mit drei Tuareg sind wir die einzigen Besucher des Zoos, der aus ein paar verwahrlosten Käfigen mit wenigen Tieren besteht. Die Tuareg sind nicht so Yanussas Fall, und sie sehen tatsächlich furchterregend aus, groß und geschmeidig und mit wettergegerbten Adlerköpfen unter den Turbanen. Sie kommen in die Stadt, um bearbeitete Lederwaren zu verkaufen und Waffen zu kaufen, und haben sich jetzt einen freien Nachmittag gegönnt, um die Tiere ein bißchen zu ärgern. »Rassisten sind das«, sagt Yanussa, »ils sont très, très méchants, und sie treffen nie daneben.« Und so trotten wir weiter, die Hitze wie einen Rucksack mit uns schleppend, vorbei an *mali*, dem Nilpferd, *sulawula*, dem roten Affen, *srugu*, der Tüpfelhyäne, und *bakorongourou*, der Wildkatze. Sie haben etwas Trauriges, diese Tiere, zu Hause und doch gefangen, leicht bösartig und trübselig sitzen sie an den verrosteten Gitterstäben im harten, trockenen Gras, das sich im Käfig fortsetzt. Ich möchte die Namen der Bäume wis-

sen und frage, indem ich auf sie zeige. »Ein französischer Baum«, sagt Yanussa. Und der da? »Auch ein französischer Baum.« Als Naturforscher werden wir es nicht weit bringen. Dann fahren wir wieder zurück in die Stadt, zur kleinen Moschee in seinem Wohnviertel, wo gegen sieben das Gebet beginnen soll. Er parkt das Auto direkt vor dem Gebäude, und so sehen wir, wie ein kleiner Lieferwagen, ein Peugeot, alle paar Minuten zurückkommt und immer wieder neue alte Männer abliefert. Es ist der Besitzer eines Kinos, ein gottesfürchtiger Mann, der täglich freiwillig die Ältesten abholt. Manche gehen hinein, andere setzen sich draußen in den Sand, in ihre weiten Gewänder gehüllt, sie grüßen sich mit langsamen Gebärden, dann erscheint plötzlich ein langer, magerer Mann in einer grellblauen Dschellaba und beginnt zu singen. Das Licht ist aschfarben geworden, die Stimme bohrt sich hart in den Abend, die alten Männer begeben sich mit krabbenartigen Bewegungen durch den Sand in die Moschee, durch den Eingang sehe ich sie beten und sich verneigen. Ich frage, ob wir nicht stören, aber Yanussa sagt: »Sogar wenn sich eine Schlange vor ihn setzt, sieht ein echter Muselman während des Gebets nicht auf.« Das sitzt. »Und warum bleiben manche draußen im Sand und beten?« »Weil ihre Kleidung nicht in Ordnung ist.«
Als wir wegfahren, sagt er plötzlich: »Chruschtschow hat in Moskau zu unseren Studenten gesagt, daß es keinen Himmel gibt.« Ich frage ihn, wie er darüber

denkt, doch als einzige Antwort zuckt er mit den Achseln und sagt kryptisch: »Nous, les noirs, on se trompe trop vite.« Ich frage ihn, was er von den Chinesen hält, von denen es hier eine Menge gibt. Als Antwort fährt er uns am sehr geschlossenen Tor der chinesischen Botschaft vorbei, grell lackiert, ein Tor aus einer Opernkulisse. Es ist niemand zu sehen. »Wir finden die Chinesen so häßlich«, sagt er. »In der Schule schimpfen die Kinder sich gegenseitig Chinese. Aber sie arbeiten hart. In Mopti haben sie in sechs Wochen ein Hotel gebaut. Und nach sechs Uhr abends sieht man sie nirgends. Sie sind immer unter sich. Wir respektieren sie. Sie tun viel für uns. Die Patres auch. Die Russen nicht. Die Russen sind Ausbeuter. Die schauen auf uns herab.«

»Und die anderen?« »Les autres? C'est bon. C'est le tourisme, c'est le commerce. Avant, sous Modibo, ce n'était pas bon. Pas de commerce, pas de touristes, pas de travail.« Und, während er mit seinem kerzengeraden afrikanischen Finger zwischen meine Augen zeigt: »Et pas de travail, pas d'argent.« Und kein Geld, keine Frauen oder, besser gesagt, kein Geld, keine Heirat. Denn ins Bett gehen kann man mit einer Frau zwar, aber man bekommt sie nicht aus ihrem Elternhaus oder darf nicht zu ihr ziehen, wenn man nicht erst eine Mitgift bezahlt hat. Die Regierung hat diese jetzt offiziell auf 100 000 Francs festgesetzt = etwa 600 Mark, aber, sagt Yanussa trübe, es können auch durchaus 300 000 werden. Ich frage ihn, ob er verheiratet ist. Nein, er ist geschieden. Und als sie ging, mußte er noch einmal zahlen. Jetzt wohnt er bei seiner Familie. Für eine neue Frau hat er kein Geld. »Ein Mädchen vom Land kann ich zwar nehmen, aber man weiß ja, wie das läuft, man bringt sie in die Stadt, man bringt ihr alles bei, bis sie kultiviert ist, und dann kommt ein schöner, großer Typ, und weg ist sie.« An seinem Ton merke ich, daß ihm das wahrscheinlich selbst so ergangen ist. Ist er jetzt allein? Nein, eine Freundin hat er schon. Was machen sie, wenn ein Kind kommt? Oder nimmt sie die Pille? Die Pille? Nein, das ist nichts für uns. Warum nicht? Darum nicht. Ce n'est pas pour les noirs. Aus. Er ist der Meinung, ich müsse jetzt die letzten Reste des Sonnenuntergangs über dem Niger sehen, fährt aus der Stadt, über die große Brücke, stellt das Auto ab, und gemeinsam spazieren wir durch den Sand am Fluß entlang. Das große Sonnenrad versinkt in der leeren Ebene, der Fluß ist flach und still, wir setzen uns auf das umgekehrte Gerippe eines Bootes zwischen plappernden Perlhühnern. Ein Stück weiter sind Fischer mit Netzen beschäftigt, drei Frauen, hieratische Tanzkörper wie Scherenschnitte gegen das Sonnenlicht, waschen sich im schwärzer werdenden Wasser, Jungen zimmern an einem Boot und unterhalten sich leise auf Manding, ein Mann in weiten Tüchern kniet mit dem Rücken zum letzten Sonnenhauch nieder und verrichtet sein Gebet beim Schilf, eine Gruppe schwarzer Vögel zieht vorbei und ver-

schwindet in der selbst im Dunst verschwindenden Ebene.
Wir fahren in die Stadt zurück. Überall herrscht großer, süßer Frieden. Auf dem weiten Sandplatz rund um die Moschee hocken Männer, in ihre Umhänge gewickelt, und essen im Schein kleiner Feuer und Fackeln. Ich frage, was das für Menschen sind, und Yanussa sagt: »Sie haben keine Familie, bei der sie essen können.« Es sind große Kreise, meist jüngere Männer, es wird Musik gemacht, leise gesungen, sie essen geröstete Fleischstücke oder orangefarbenen Reis aus Schalen. »Sie kommen von außerhalb und arbeiten hier in der Stadt.« Wo schlafen sie? »Überall.« Am Bahnhof das gleiche Bild. Menschen sitzen und liegen in der Halle und auf den Bahnsteigen. Ein alter Schwarzer scheißt, das Gesicht zur Mauer gewandt. Von hier aus fährt der Zug nicht weiter nach Afrika hinein, *end of the line*, und heute gibt es überhaupt keinen Zug, und vielleicht kommt nie mehr einer. Die Uhr ist zerbrochen und ist auf einer imaginären Zeit stehengeblieben. Ich kaufe ein Päckchen Liberté und kehre ins Hotel zurück.

Der Speisesaal ist so gut wie verlassen, das Essen ist anderswo besser. Während ich auf meiner *capitaine*, einem großen Flußfisch, herumkaue, überkommt mich eine gelassene Traurigkeit. Häßlicher geht's wirklich nicht. Die Decke ist grau, darauf sind Hütten in einem unwirklich fahlen Nachtlicht gemalt, als schiene ein Neonmond auf eine aschgraue Erde. Die Vorhänge waren einmal gelb, die orangefarbenen Tischtücher sind verschossen, an den schmutzigen Wänden hie und da eine staubige Maske, sinnlose Kühler auf jedem Tisch, zwei Kronleuchter, in denen kaum noch eine Birne brennt, und die noch brennenden tun dies in verschiedener Stärke, die Stühle sind grün, und neben mir scheint eine grell orangefarbene Lampe an die Wand. Irgendwo hinter einer Säule höre ich eine kauende Stimme sagen, »At the embassy they take American money«, und so wütet der maßlose Abend weiter.

Ein paar Stunden später bin ich mit einem jungen Schriftsteller verabredet. Ich werde von aggressiven Hunden empfangen, die sich erst nach Minuten beruhigen. Am Telefon hat er mir bereits ganz nachdrücklich gesagt, er wolle nicht über Politik sprechen, auf gar keinen Fall. Als ich komme, ist er nicht da. Seine weiße Frau spricht geringschätzig über die anderen Franzosen. »Die glauben, es ist immer noch wie vor fünfzehn Jahren.« Wir trinken Whisky und sitzen auf der halbdunklen Veranda im raschelnden, sich bewegenden, immer kühler werdenden Abend. Ich erzähle ihr, daß ich in Paris einige Bücher ihres Mannes gekauft hätte, Aufzeichnungen klassischer malischer Geschichten, daß ich aber vieles davon nicht verstünde. Eine Stunde später kommt er, eine lange, leicht schwankende Gestalt mit zögerndem Augenaufschlag. Was ich wolle? Wenn ich etwas über Politik wissen wolle, habe er nichts mitzuteilen, und wenn ich, abgesehen von offiziellen Sprechern, Leute fände, die etwas sagen würden, seien dies Leute, die kein Risiko liefen und daher »keine Rolle spielten«. Erst später bekomme ich aus ihm heraus, daß man ihn vor kurzem aus einem bedeutenden Regierungsamt entlassen hat, und am darauffolgenden Morgen höre ich, daß in dieser Nacht verschiedene Gewerkschaftsführer verhaftet worden sind. Er versucht, mir etwas über das labyrinthische Mosaik der Kasten und Sklaven begreiflich zu machen, die jeweils eigene Regeln und Riten haben. Inzwischen gibt es natürlich keine Sklaven mehr, doch am Namen ist noch zu hören, von welcher der *vier* Kategorien von Sklaven jemand abstammt, genauso wie man seinem Namen, Diabété, anhören kann, daß er ein Nyamakala ist, aber kein Noumou (Schmied) oder Laobé (Holzbearbeiter), sondern ein Dialé, ein Barde, Sänger, Dichter, Schriftsteller. Sie rangieren unmittelbar nach dem Adel, der selbst wieder in drei Hauptkasten unterteilt ist, kurzum, eine Welt aus Zeichen und Bedeutungen, gegen die das englische Klassensystem verblaßt, komplizierter als der Gotha oder ein Katalog mit Klubkrawatten. Er ist besessen von der oralen Tradition seines Landes und zieht in seiner Freizeit aus, um alte Geschichten auf Band aufzunehmen – als Dialé hat er Zugang zu allen anderen Dialés, und überall gibt es noch alte Männer, die die manchmal aus dem 12. oder 13. Jahrhundert stammenden Gesänge noch kennen. Er läßt mich ein Band hören. Ein Saiteninstrument spielt in eintönigen, sich aber ständig verschiebenden Kreisen. Dann setzt eine hohe Altmännerstimme ein und singt das Epos vom mythischen Kaiser Sun Jata. Wir lauschen schweigend, doch wie unterschiedlich! Ich höre nur Musik, sonst bin ich von einer schrecklichen Taubheit umfangen, ich werde zum Papua in einer Oper von Alban Berg, hoffnungslose Dummheit überkommt mich, dies ist mir verschlossen, jedes Wort, jeder Klang bedeutet etwas, und dahinter noch etwas, und ich bin nur einer, der auf einer Terrasse sitzt und Töne hört. Er beginnt leise zu übersetzen: »A di benye labo a kala do / er nimmt die Pfeile aus dem Köcher – K'a la birilan basilan lu kima / er bedeckt sich mit Kleidern voll Fetisch – K'a n'i lo wéré da la / er ist aufs Land hinausgezogen – K'a dun wèrè kono wara nofè / er ist auf den Löwen zugegangen – K'a bun bènyè la wara ba / er hat seinen Pfeil auf den Löwen abgeschossen«, doch er will immer mehr erzählen, mehr erklären, schreibt Dinge auf, und je mehr ich verstehe, um so mehr verstehe ich, was ich nicht weiß, bis wir es aufgeben und in der raunenden Nacht nur noch der Stimme lauschen, die nach zwei, drei Generationen nichts mehr bedeuten wird, dann erst richtig alt, als konservierter Mythos auf einem Regal eines von der UNESCO bezahlten Museums beigesetzt, eine afrikanische Erinnerung an große Zeiten, heilige Helden, Geschichte, bis das Weltdorf den absoluten Ausgleichstreffer erzielt und was, wo

auch immer, dem Volk gehört hat, zum teuren Spielzeug für eine taube Nachwelt wird.
Wir nehmen sentimental Abschied voneinander, und ich gehe durch dunkle Alleen auf gut Glück in die Stadt, die übrigens aus kaum etwas anderem als Alleen besteht, ein tropisches Baarn mit ein paar verfallenen Ministerien, anderthalb Hotels, in Nebenalleen versteckten Botschaften in heruntergekommenen Kolonialhäusern und *einer* höheren Schule, vor der jetzt ein Wagen mit bewaffneten Soldaten steht. Ich nehme ein Taxi und frage, ob ich irgendwo Tänze sehen kann. Ja, hinter der großen Moschee üben die Schüler, die einen Platz im Nationalballett anstreben. Als ich durch das Tor auf den Innenhof gehe, höre ich bereits die Trommeln. Abgesehen von zwei Jungen gibt es keine Zuschauer. An einer langen Schnur, die irgendwo aus einem dunklen Gebäude kommt, brennt *eine* Birne. In diesem unbestimmten Licht sehe ich die Tanzenden. Ich weiß nicht, wie lange ich da gesessen habe, in der Nacht verborgen, von keinem bemerkt. Immer heftiger wurden die Rhythmen, die Tänzer, Jungen und Mädchen, schlugen mit ihren nackten Füßen auf den Boden, als wollten sie die Erde wegtreten, ich erinnere mich an eine keuchende Drohung, irgendeine gewaltige animalische Kraft, als wären sie alle zusammen ein großer, wütender, schwitzender, stampfender Körper, immer weiter aufgewirbelt, anschwellend und schrumpfend, mal zwei feindselige Schlangen, mal ein schwarzer, düsterer, unein-

nehmbarer Block, nicht die Abstraktion eines Balletts, sondern tanzendes Dasein, nur noch Tanz sein, jede Bewegung weiter und schneller gedehnt, als ich sie je einen Körper habe ausführen sehen, gleichzeitig ein donnernder Schlag in mein Gesicht und eine, mein Gott, was für ein Wort, erhabene Übung in Heimweh, ohne zu wissen, wonach, es sei denn nach fernen, verlorenen Möglichkeiten der Einheit mit dem eigenen Körper, oder daß dieser Körper einmal vollständig, ohne Vorbehalte oder Frustrationen, ausdrücken würde, was man *ist*, und nach vielleicht einer Stunde entferne ich mich daraus als jemand, der weiß, wie man eine Sauce dijonnaise zubereitet und wo man in London den besten Fisch ißt, der die Cellosuiten von Bach lieber von Rostropowitsch gespielt hört als von Starker, die früheren Romane von Vestdijk besser findet als die späteren, der schon zweimal in Venedig gewesen ist, lieber das *Handelsblad* liest als *Het Parool*, und der sich jetzt mit einemmal vorkommt wie der armselige Diener aus besseren Zeiten. Zur Strafe werde ich die ganze Nacht in meinem lauen Zimmer vom Tanzen träumen, und nicht freundlich. Der Markt, der Zoo, die Soldaten, die Tänzer, alles drängt sich in meinem Traum, verwirrt wache ich auf, trete auf den Balkon und sehe auf der totenstillen Straße unter den sanft fächelnden Tamarinden die offenen Autos mit Soldaten vorbeifahren.

Am darauffolgenden Morgen werde ich von Bernard d'Arras, dem Direktor der UTA, abgeholt, einem hochgewachsenen adligen Franzosen, der seit zwanzig Jahren in Afrika lebt und nie mehr von hier weg will. Ich frage ihn, ob es nicht eine große Veränderung war, vom Kolonialherren zum gewöhnlichen weißen Mitbürger, doch er hat keine Probleme damit gehabt. Man muß sich anpassen können, sagt er und gibt mir eine Kostprobe davon, als er sich wie ein venezianischer Höfling durch kleine Kränze mit Maschinengewehren behängter Soldaten windet, die das Innenministerium bewachen. Ziel: Leutnant Filifing Cissoko, Angehöriger des CMLN, des Militärischen Komitees der Nationalen Befreiung, einer der dreizehn, die Modibo Keita zu Fall gebracht haben und jetzt das Land regieren. Wir wissen, daß das Komitee um neun Uhr zusammentritt, haben ausgerechnet, um wieviel Uhr der Leutnant dazu aus seinem Ministerium aufbrechen muß, und das haben wir so gut gemacht, daß wir plötzlich, auf einem wackligen Holzflur, einem Riesen in Fallschirmjägeruniform mit kühlen Augen gegenüberstehen. Wir versperren ihm den Weg, und das paßt ihm nicht. D'Arras, der genauso groß ist, improvisiert etwas, das irgendwo zwischen einer Verbeugung und einem militärischen Gruß liegt, sagt alle naslang »mon lieutenant«, doch mon lieutenant *casts a cool eye* und läßt uns mit heulenden Sirenen in der Obhut seines Adjutanten zurück, der uns einen Termin für den folgenden Tag gibt.

Da ist das Auge noch genauso kühl, die Stimme noch genauso knapp, die Unterhaltung korrekt und militärisch. Dies ist ein Mann der »Kein-Blödsinn«-Generation. Er betrachtet die Tansania-Ausgabe der Zeitschrift *Avenue*, und ich betrachte ihn. Auf seinem Schreibtisch eine fünfundvierzig Zentimeter hohe aluminiumfarbige Lenin-Figur, auf einem Regal in Höhe meiner Knie, vielleicht von einem nervösen Bewerber vergessen, ein revolutionäres Buch von Kim Il Sung. Nein, ich kann den Präsidenten nicht sehen. Der Präsident hat in den nächsten drei Monaten keine Zeit. Ich bekomme aber seine Reden, und damit meine ich: *alle* Reden, auch die, die er anläßlich der Entgegennahme des Beglaubigungsschreibens des schwedischen Botschafters gehalten hat. Der Tenor: sich außenpolitisch nach Möglichkeit offenhalten, möglichst wenig Bindungen. Die Phrasierung ist die eines geschickten Berufsdiplomaten und riecht nach Eminence grise. Und was das Inland betrifft: Ordnung, Aufbau, *ein* Volk, *ein* Glaube, *ein* Ziel, die Freiheit, die Prioritäten nach eigenem Gutdünken festzulegen, angefangen bei der Neuorganisation der Beamtenschaft, die, versunken in »Faulheit, Chaos und Bequemlichkeit«, keine gute Basis für eine »gesunde und dynamische Wirtschaft« darstellen kann. Ende der Unterredung. Er geht zu einer Sitzung des Dreizehner-Komitees und ich zu einem alten Pater aus Brabant, der schon seit über fünfzig Jahren in Mali tätig ist.

Er ist ein drahtiger, kleiner Mann mit einem Ho-Chi-Minh-Bärtchen, sehr pfiffig, der fließend Bambara, Französisch und Brabanterisch spricht, letzteres auch nach all den Jahren noch astrein. Ich bekomme »holländischen Kaffee«, er kann mich kaum hören, doch das macht nichts, ich habe ihm nichts mitzuteilen, das ihn noch interessieren könnte. Sein Leben ist Mali, er erzählt von Bamako, »als hier noch nichts war«, von den französischen Kolonialrichtern, die »nicht einmal merkten, daß reiche Leute einfach ihr armes Personal schickten, wenn ein kriminelles Familienmitglied vor Gericht erscheinen mußte, weil kein einziger dieser Richter die Sprache der Bevölkerung beherrschte«, wie er in Mali in den undenkbaren zwanziger Jahren Salat sowie Fleisch- und Wurstwaren eingeführt hat, wie er mit Weygands Offizieren und Kanonen auf Büffeljagd ging und nie etwas erlegte, ein langes, merkwürdiges Leben in einem Land, das für Weiße nicht geschaffen ist. Sein Neffe, ein Priester aus dem von Kardinal Lavigerie begründeten Orden der Weißen Väter, kommt mit einem soeben eingetroffenen Exemplar von *Sjaloom* herein, das er mißmutig auf seinen Schreibtisch legt. »Wenn die wüßten«, lautet sein einziger Kommentar, und bevor ich ihn weiter dazu befragen kann, wird er zu einem Krankenbesuch gerufen, ein müder Mann, die Sandalen weiß von Staub. Ich sehe mich in diesem einsamen Zimmer voller niederländischer und englischer Bücher um und frage mich zum soundsovielten

Mal, was einen dazu bringt, ein Leben der Armut und Einsamkeit in einem verlorenen Winkel Afrikas zu verbringen, in einem Land, in dem die sichtbaren Resultate immer verschwindend klein bleiben werden. Für den Pater ist das alles kein Problem. Er humpelt auf seinem bandagierten Fuß mit mir zur Tür, die auf den brennenden Innenhof hinausführt, und schreit mir ins Ohr: »Ich habe mein ganzes Leben lang in Mali gelebt, jetzt werde ich wohl auch in Mali sterben. Nach Holland zieht mich nichts mehr. Da kenne ich fast niemanden mehr.«

Dies ist der letzte Nachmittag in Bamako. Morgen fahren wir nach Mopti, danach nach Timbuktu. Yanussa kutschiert mich etwas ziellos durch die heißen Alleen, doch ich merke, daß ich nichts mehr aufnehme. Meine letzte Verabredung ist die mit dem Repräsentanten der EWG[3], einem kleinen, kahl werdenden Mann, der unter einer riesigen Karte von Mali sitzt. »Das Land kann sich nahrungsmäßig selbst versorgen«, erzählt er, »aber das ist auch alles. Es gibt Hinweise auf Erdöl- und Bauxitvorkommen, die Russen haben nach Gold gesucht, aber wegen der unglücklichen landumschlossenen Lage Malis lohnt sich der Abbau nicht. Der Europäische Entwicklungsfonds (dieses Jahr bekommt Mali von der EWG 73 Millionen Dollar, davon 10,4% von den Niederlanden) versucht, den Ertrag der bestehenden Kulturen – Baumwolle, Erdnüsse, Reis – zu steigern, eine größere Vielfalt der Kulturen zu erreichen und mehr Anbauflächen zu entwickeln.« Er zählt einige Projekte auf: Kampf gegen die Rinderpest, technische Unterstützung beim Bau eines Schlachthofs, Bewässerungsprojekte am Telésee, und überall auf der endlosen Karte deutet er auf kleine Punkte, wo Grüppchen von Europäern gemeinsam mit Maliern an diesen Projekten arbeiten, sagt, daß die erzielten Gewinne voll und ganz dem Land zugute kommen und nicht nach Europa zurückfließen. Ich frage ihn, was die Chinesen tun. Viel, sagt er kurz. Sie bauen eine Ziegelei in Mopti. Sie haben den Maliern beigebracht, Tee anzubauen. Die Schuhe für die Armee sind unter ihrer Anleitung aus heimischem Leder gefertigt worden, zum erstenmal. Sie betreiben große Reisprojekte, leben unter der Bevölkerung und verlangen materiell nichts zurück.

Später drückt jemand es deutlicher aus: »Ein Land wie Mali ist wie ein Pokerchip, der verloren auf dem Spieltisch liegt – aber im Moment hat niemand Lust zum Spielen. Das Land hat weder für die Russen Bedeutung, noch für die Amerikaner. Es muß eben sehen, wie es über die Runden kommt, und daher ist jede Hilfe wichtig. Der Export von Vieh und Flußfischen ist praktisch das einzige, was etwas einbringt, Mali muß zwangsläufig ein bettelarmes Land bleiben, egal, wie gut die neue Regierung ist. Sie bemüht sich nach Kräften, aber im Grunde ist es hoffnungslos.« Als ich ins Hotel zurückkomme, liegt eine Nachricht von d'Arras für mich da: Air Mali hat den Flugplan für den nächsten Tag geändert, das Flugzeug geht fünf Stunden früher, er holt mich morgen früh um Viertel vor fünf ab. Als ich mich bei Yanussa beschwere, sagt der schadenfroh: »Tu vois? C'est l'Afrique.«

Am nächsten Morgen sehe ich es. Zwei Stunden nach der Abflugzeit sitzen der Pilot und seine Crew endlich im Warteraum und nehmen ein kleines Frühstück ein. Der Tag hat mit wehenden orangefarbenen Girlanden begonnen, auf dem Beton steht die Antonow 24, ein russisches Flugzeug, bereit, uns nach Mopti zu befördern. Sie wird proppenvoll. Vier steinalte oder vielleicht auch schon verstorbene Amerikaner, Tuareg mit drohenden Gewehren in Hüllen, Frauen mit tausend Tüchern sowie ein kleiner, dicker Franzose, der hier an einem Straßenbauprojekt arbeitet und erzählt, daß Air Mali (drei Flugzeuge) der Crew das Frühstück spendiert, weil sie sonst überhaupt nicht frühstücken und dann nicht in Form sind. Warum habe ich das Gefühl, daß ich erst jetzt auf eine richtige Reise gehe? Eine Minute fliegen wir, und schon ist die Erde wieder wüst und leer, und so bleibt es auch. Wo der Luftzufuhrregler sitzen sollte, ist nur ein Loch, eiskalte Luft bläst mir in den Nacken, aber die Stewardeß hat ein reizendes rundes Gesicht und reizende runde Brüste und trägt ein bodenlanges handgewebtes Kleid. Ein paar Stunden später, nach einem Zwischenstopp in Ségou, sind wir in Mopti, wo uns Herman Haan[4] erwartet, der im Lande der Dogon seine x-te Tellem-Expedition[5] durchführt und sich an Markttagen in Mopti mit Proviant eindeckt. Am selben Nachmittag noch fahren wir über Bandiagara nach Sanga, wo das Dogongebiet beginnt. Zunächst ist die Straße noch erträglich, später rüttelt die Piste uns im Landrover wie Puppen durcheinander. Die wenigen Menschen, denen wir begegnen, bestäuben wir mit trockenem rotem Staub, doch das scheint ihnen nichts auszumachen. Wir kommen müde im Camp an, es war ein langer Tag seit heute morgen um fünf.

Tische im Freien auf dem felsigen Boden, Steinzimmer, kein elektrisches Licht, Fliegengitter gegen die Moskitos, das alles zusammengefegt auf einer biblischen Hochebene. Ein langer Schwarzer mit stolzem, fast orientalischem Gesicht, umarmt und begrüßt Haan, und zum erstenmal höre ich den rituellen Dogon-Gruß oder, besser gesagt, ich höre eine Art Wechselsprechgesang, dessen Bedeutung ich erst später begreife: Gegrüßt! Gegrüßt! Geht es dir gut? Ja, mir geht es gut. Und deiner Frau? Ja, ihr geht es gut. Und deinen Kindern? Und der ganzen Welt? Und den Tieren? Vielleicht kommt es ja gar nicht so sehr darauf an, was gesagt wird, als vielmehr auf die Tatsache, daß man sich immer, bei jeder Gelegenheit so grüßt, als sei es etwas ganz Besonderes, daß Menschen sich begegnen, als sei das Sprechen und das Wissen umeinander ein so großes Gut, daß es in

Formeln eingefangen werden muß. Hunderte von Malen habe ich das in den paar Tagen gehört, bis mich der Neid packte, weil ich es nicht auch konnte. *Poh! Poh! Ya poh? Ya poh! Oe Seoah? Seoah! Umana seoah? Seoah! Pégé seoah? Seoah!* Und so weiter bis in alle Unendlichkeit, die dann doch irgendwann mit einem langen, zufriedenen »Aaaaaah!« endet.

Herman Haan geht mit uns durch das Dorf Ogol. Hier rief der Jäger Ogotemmêli 1946 den französischen Ethnologen Marcel Griaule, der bereits seit 1931 in dem Gebiet forschte, zu sich und breitete in dreiunddreißig aufeinanderfolgenden Tagen die gesamte Kosmogonie der Dogon vor ihm aus, dreiunddreißig Tage, die eine derart komplexe und verblüffende, über die Jahrhunderte hinweg mündlich überlieferte Denkwelt offenbarten, daß nach den Worten Griaules »alle Vorstellungen von der sogenannten primitiven afrikanischen Mentalität dadurch über den Haufen geworfen wurden«.

Wie dumm man ist, wenn man nichts weiß! Ich spaziere durch dieses Dorf: Lehmrote quadratische Häuser, darauf eigenartige Spitzdächer aus Schilf, die wie die Mützen von Heinzelmännern aussehen. Heilige Stätten, Opfersteine, Altäre, leere Orte, durch die man nicht gehen darf. Wir bleiben vor dem Haus des Hogon stehen, des Dorfpriesters. Er hat große Macht, die Gemeinschaft sorgt für ihn, einmal gewählt, verläßt er seinen Innenhof nie mehr. Halbnackt sitzt er vor der Mauer aus getrocknetem Blut, eine gegerbte blauschwarze Puppe, in der sich nur die Augen bewegen. Haan begrüßt ihn über die Mauer hinweg, über die wir uns beugen, mit den rituellen Grußworten. Der Hogon antwortet nicht und geht nach einer Weile ins Haus. Wir stehen noch ein bißchen herum, umringt von ein paar Kindern, die uns schweigend und mit großen Augen anschauen. Da kommt er plötzlich wieder zum Vorschein. Er hat einen weiten indigofarbenen Umhang angelegt und über die uralte Maske seines Kopfes eine knallrote Mütze gezogen, eine Art phrygischer Kappe. Fragen und Antworten flattern durch die Luft, und als wir endlich gehen, folgt die hohe, alte Männerstimme uns nach.

Es wird Abend, Haan verabschiedet sich in sein eine Stunde von hier entferntes, in den Felsen gelegenes Lager, wo die übrigen Mitglieder der Tellem-Expedition auf ihn warten, und wir verabreden, daß sein Führer Diankulo uns am nächsten Morgen um sechs zu einer Wanderung zu der Felswand abholt. In dieser Nacht lese ich im Schein der flackernden Petroleumlampe vom Gott Amma, der die Erde als weiblichen Körper erschuf – ein Ameisenhaufen ihr Geschlecht, ein Termitenhügel ihre Klitoris. Als er sie erschaffen hat, will er mit ihr schlafen, doch da läuft zum erstenmal etwas verkehrt im Universum, der Termitenhaufen richtet sich auf, zeigt seine Männlichkeit, die Klitoris ist ein Phallus, die Kopulation findet nicht statt. Doch Gott ist allmächtig. Er reißt den Termitenhügel heraus und nimmt die beschnittene Erde. Und geboren wird der Schakal, Symbol für die Schwierigkeiten Gottes. Eine zweite Vereinigung führt zu einem besseren Ergebnis. Die Erde = Frau ist jetzt beschnitten, die Klitoris = der Penis entfernt, das Wasser = der göttliche Samen dringt tief in die Erde ein, ein Zwillingspaar wird geboren, der Nommo, allgegenwärtig in der Dogon-Kunst. Die beiden Körper sind grün und geschmeidig, die Arme ohne Gelenke, oben sind sie Mensch, unten Schlange, und ihre Haut glitzert wie eine Wasserfläche. Es ist die perfekt geborene Zweiheit und hat acht Gliedmaßen. Daher ist ihre (seine) Zahl die Acht, die Zahl des Wortes. Der Nommo besitzt das Wesen Gottes, weil er aus seinem Samen gemacht ist, das heißt: Halt, Form und Grundstoff der Lebenskraft, Ursprung von Bewegung und Ausdauer. Und diese Kraft ist das Wasser. Das Zwillingspaar *ist* das Wasser, ist aus Wasser, befindet sich in jedem Wasser. In dieser Nacht schlafe ich spät ein in dem Bewußtsein, daß ich am nächsten Tag durch eine Welt gehen werde, von der ich nie mehr als eine armselige Ahnung haben kann.

Punkt sechs klopft Diankulo an die Tür. Das Licht draußen ist gräulich, zehn Minuten später befinden wir uns auf dem Weg über die felsige Hochebene. Es ist kalt. Hier und da ein Baobab, der Affenbrotbaum. Hinter mir im Dorf höre ich das dumpfe rhythmische Geräusch von Frauen, die Hirse stampfen. Schafe blöken, Hähne krähen. Schweigend gehe ich hinter Diankulo her, der ein ordentliches Tempo vorlegt. Eine halbe Stunde später gibt es kein anderes Geräusch mehr als das des Windes und ein fernes Gekicher, das, wie er sagt, von Affen stammen muß. Im Lager sind alle schon auf den Beinen, sechs Leute, Anthropologen, Biologen, Studenten, auf der Suche nach dem rätselhaften, im Nichts verschwundenen Volk der Tellem, die hier, an diesen steilen, unzugänglichen Felswänden, ihre geheimnisvollen Lehmtürme, ihre schweigenden Götterfiguren sowie Abertausende von Skeletten hinterlassen haben. Wir klettern zu dem Felsen, in dem die Expedition drei Monate verbringt. Hoch oben an der Wand ist mit einem Flaschenzug ihre »soft machine« befestigt, mit der sie sich zu einer höher gelegenen Totenhöhle mit Tausenden von Skeletten hinaufbefördern lassen, die ausgewählt und gemessen werden und von denen einige sogar mit in die Niederlande reisen dürfen, oh segensreiche Wissenschaft.

Eine Stunde später wandern wir ins Tal hinein, jetzt zu fünft, Herman Haan vorneweg wie ein römischer Zenturio, wir im Gänsemarsch dahinter. Einen Tag lang gehen wir über schmale Fußwege, denn hinter Sanga hört die Welt auf, Autos können hier nicht mehr fahren. Je tiefer wir vordringen, um so grüner werden Sträucher und Bäume, manchmal höre ich das Plätschern einer Quelle, und Diankulo erzählt mir, daß frühmorgens die Affen und anderes Wild sich dort zum Trinken versammeln. Ich sehe einen schwarzen Schmetterling, wie einen schwebenden, fröhlichen Tod, Vögel, nicht größer als mein kleiner Finger, unsichtbare Turteltauben gurren, und ihre süßen Rufe hallen von den Felswänden wider. Lange Zeit begegnen wir niemandem, dann plötzlich taucht ein alter Mann in weißem Umhang auf, der sich auf einen Erzväterstab stützt. Während wir aneinander vorbeigehen, beginnt die Begrüßung, und sie dauert noch an, als er schon hinter einer Biegung verschwunden ist. Die Reihe der Grußworte kann bis ins Endlose fortgesetzt werden, und ich male mir aus, was ich ihn noch hätte fragen wollen: »Und den Wolken?« Gut! »Und den Bäumen?« Gut! »Und dem Kosmos?« Gut!

Stunden später erreichen wir ein Dorf. Es klebt wie eine Klette an der hohen Felswand, die Landschaft ringsum ist mit fast pathetischer Präzision gezeichnet, orangefarbene Felsblöcke, Efeu, weiße Blüten, Bäume mit kleinen silbergeschliffenen Blättern, und dann, tief zu unseren Füßen, eine bleiche, staubige Ebene, die sich am Horizont verliert. Wir werden von den Dorfältesten im Gesprächshaus empfangen, einem niedrigen, offenen Raum mit einem sehr dicken Dach aus getrocknetem Schilf und Reisig, das auf vier von der Zeit glänzend polierten Baumstümpfen ruht.

Unterhalb von mir sitzt ein Mann und flicht Schilf, ein anderer webt eine schneeweiße Decke, und bis auf die Laute einiger Tiere und das leise Palaver zwischen Diankulo und den Dorfältesten ist nichts zu hören. Ein totenstiller Adler schwebt direkt über uns. Haan macht mich darauf aufmerksam, daß manche Häuser die Form eines Mutterleibs haben. Ich frage ihn, woher es kommt, daß trotz der trockenen Hitze die Savanne in der Ferne so verschwommen ist, und er sagt, daß es der rote Sand eines fernen Saharasturms ist. Erst jetzt sehe ich, wie übermütig senkrecht die Felswand mit ihrer brennenden Farbe im Land steht. Überall, ganz hoch oben entdecke ich die eigenartigen Tellem-Türme, und ich frage mich, wie sie je dort hinaufgekommen sind.

Die Totenhöhlen der Dogon liegen viel tiefer. Diankulo erzählt mir, daß, wenn jemand stirbt, die Jäger seinen Bogen zerbrechen und ihm glühende Holzkohle in den Mund stecken als Zeichen der Trauer. Das ist Kummer! Sofort nach dem Tod wird der Leichnam mit frisch geschöpftem Wasser gewaschen. Das Kopfhaar wird geschoren, der Tote wird in ein Baumwolltuch gewickelt, die Füße bleiben unbedeckt. Auf einer Bahre aus Zweigen wird der Leichnam auf den »Stein der Tapferen« gelegt. Die Überlebenden danken dem Toten: »Danke für die Hirse / Danke für das Wild / Danke für gestern / Danke für die guten Taten.« Danach wird der Tote in der Grabhöhle bestattet, seine Freunde aber rennen zurück zum Haus, dringen dort ein, Gewehre werden abgeschossen, Scheingefechte ausgetragen, und währenddessen singen die Frauen Klagelieder und schwenken leere Kalebassen, leere, denn der Tote wird niemals mehr trinken. Tagelang geht das so weiter. Erst viel später beginnt die *dama*, eine Zeremonie, die die noch im Dorf umherirrende Seele des Toten zu dessen Ahnen geleiten soll, denn auf dem Weg dorthin steht seine Seele, *nyama*, auf einer Stufe mit den *nyamas* aller Menschen oder Tiere, die er zu seinen Lebzeiten getötet hat, und ist daher verwundbar für ihre Rache. Auf dem Dach des Totenhauses finden Maskentänze statt, Masken mit Flügeln, Masken des Ahnenhauses, Löwenmasken, Reitermasken, alle gemeinsam verhelfen sie dem Toten auf den Weg, eine letzte Tat einer Gemeinschaft, in der die Menschen zusammen leben und daher auch nicht allein sterben.

Wir verabschieden uns und gehen weiter in den jetzt viel heißeren Nachmittag hinein. Ich habe das Gefühl, als sei der Friede ringsum ein greifbares Element, etwas, das ich überall berühren könnte. Es ist vollkommen still, nichts als unsere Schritte und unser leises Keuchen, da es nun wieder bergauf geht. Dies ist ein verzaubertes Tal, ein tatsächlich existierendes Shangri-La, und jetzt, soviel später, da ich zu Hause bin, Dogon-Musik höre, mir die Fotos ansehe, auf denen Menschen geworden sind, was ihre Masken darstellen, übermannt mich noch immer dasselbe Glücksgefühl, gemischt mit Sehnsucht, weil ich wohl nie mehr dorthin kommen werde. Und wenn ich dann doch dorthin führe, würde es noch genauso sein? Wie lange wird unsere Welt zulassen, daß ihre besteht? Das einzige, was der »Ganzheit« ihrer Gesellschaft Abbruch tut, ist, daß sie von uns *gesehen* wird, und es wäre nicht das erste Mal, daß mit unserem Hinschauen der Verfall beginnt. Vielleicht ist dies das Heimweh: daß nichts je bleiben kann. Ich merke, daß ich nicht einmal darüber zu schreiben vermag: Wenn ich etwas über ihre »Gemeinschaft« sagen will, verirre ich mich in die verachtenswürdigste neuchristliche Terminologie und werde zum Proselyten der Radikal-Politischen Partei am Tag der Wahl. Wir haben kein Recht, über Gemeinschaft zu sprechen, weil wir keine Gemeinschaft kennen. Es ist unmöglich, dieselben Begriffe für eine Gesellschaft zu benutzen, in der sie etwas ganz anderes bedeuten. Wir leben allein, und sie leben zusammen, dort wird es nicht vorkommen, daß eine alte Frau drei Tage lang tot am Fenster sitzt, wenngleich es wohl Leute gibt, die einwenden werden, das komme daher, weil es dort keine Fenster gibt.

Es ist Abend, als wir ins Camp zurückkehren. Die letzten zwei Stunden sind mühselig. Kaum mehr imstande, die Felswand hinaufzukommen, müssen wir alle Viertelstunde trinken, und so groß die Flaschen des »Flag«-Biers von der Elfenbeinküste auch sind, sie können meinen Durst nicht löschen.

Mali, das sind im Grunde zu viele Länder. Nach der tropischen Kulisse von Bamako, dem verlorenen Paradies hinter Bandiagara taucht die Vision von Mopti auf – der breite schlammfarbene Fluß mit den Hunderten von ausgehöhlten Baumstämmen, den Ruderern, die sich vom bleichen weiten Land dahinter wie Hieroglyphen auf einem leeren Blatt Pergament abheben, der kilometerlange Markt mit einer Orgie an Waren und Trachten, Peul-Frauen mit goldenen Ohrringen, fast größer als das Gesicht, Hadschis, die neben einem Lastwagen ihr Gebet verrichten, Bauern mit schwarzen Kappen, rückwärts auf ihrem Esel sitzend, als lenke jemand anderes das Tier, der Imam, der wie eine Erscheinung aus seiner kathedralengroßen schlammfarbenen Moschee hervorwirbelt, Wasserträger mit vietnamesischen Hüten, schwarze Klumpen Fisch, Brocken von schuppigem, glitzerndem Salz, gelbliche und braune Fleischlappen, fliegenübersät, halbnackte Mädchen, die sich neben gondelartigen Schiffen waschen, und weiter, als ich am Fluß entlanggehe, Pyramiden von hoch aufgestapeltem rotem Tongeschirr, und auf einer verdorrten Weide Geier, die hackende, grausame Bewegungen über dem halbabgefressenen Kadaver einer Ziege machen, und nach alledem die Nächte im kahlen Berg des chinesischen Motels, wo um neun Uhr abends unerbittliche Ruhe einkehrt und man allein bleibt mit einer horizontal an der Wand gegenüber dem Bett angebrachten weißfauchenden Neonröhre, der letzten Manifestation Gottes.

Und nach dieser Vision die versandete Fata Morgana von Timbuktu. Während des Fluges über die Sahel kann man es bereits sehen – die DC-3 fliegt dafür niedrig genug, immer mehr Farbe wird der Landschaft entzogen, sogar entlang den Flußufern gibt es nichts Grünes mehr. Was wir jetzt in wenigen Stunden Flugzeit bewältigen, bedeutet eine tagelange Fahrt mit dem Landrover. Diese letzten Tage sind ein Spiel in der Sandkiste. Alles ist Sand, und alles hat die Farbe von Sand. Es gibt keine Straßen, nur lockere Strände ohne Meer. Der Platz der Unabhängigkeit wirkt selbst wie eine kleine Wüste, und die Schildwache vor dem Fort Scheik Sidi Bekaye, ein Maschinengewehr als Schmuck um den Hals, steht bis zu den Knöcheln im Sand. Sand ist im Brot und Sand ist im Reis. Einst erschauerte ganz Europa und der gesamte Maghreb vor Begierde, wenn der Name Timbuktu fiel, zur Zeit von Kaiser Askia Mohammed Touré studierten hier fünfundzwanzigtausend Studenten, es war die Stadt der Weisen, die geistige Metropole des westlichen Sudan, doch wer jetzt auf das getrocknete Schlammdach der Moschee hinaufsteigt, sieht eine Stadt, die aus kaum mehr als Hütten besteht. Verschwunden die Universitäten, verschwunden der Markt mit dem Gold- und Salzhandel, verschwunden der aus Stein erbaute Palast. Vom Tag, an dem dieser Traum in Flammen aufgig, wird in einer der ältesten Chroniken des Sudan erzählt, dem Tarikh el Fettach. Man schreibt den 20. Oktober 1593. »Als alle Ulemas (Schriftgelehrten) von Pascha Mahmud in der Moschee zusammengerufen waren, bezogen die marokkanischen Füsiliere Stellung auf allen Terrassen und an allen Ausgängen. Dann sind Dinge geschehen, die Gott so wollte, Dinge, über die man nicht spricht, weil das Herz es nicht ertrüge; jedenfalls war es der schwerste Schlag, der dem gesamten Islam je beigebracht wurde.« Mehr als siebzig Ulemas wurden in Ketten nach Marokko gebracht, kein einziger kehrte zurück außer Ahmed Baba, und die Stadt wurde, so sagt die Chronik, »zu einem Körper ohne Seele«. Die Marokkaner (zum größten Teil spanische Renegaten) hatten richtig erkannt: Indem sie die geistige Elite vernichteten, zerbrachen sie die Stadt, und so versandete, im wahrsten Sinne des Wortes, das Kaiserreich Songhai. Timbuktu wurde das fahle Dorf, das es heute ist, ein Brennglas für die Sonne, vier Landrover, achttausend Menschen, eine Kaserne, ein Militärgouverneur, ein Camp für Touristen, die hier etwas suchen, das es nicht mehr gibt.

Die Reise endet beinahe holländisch. Mit einem maurischen Führer von Orson-Welles-artigem Umfang mache ich, Gräfin von Trutenheim in einem Tragsessel, eine Flußfahrt in einer Piroge. Das Land diesseits der Stadt ist sumpfig und dadurch unbändig grün. Bläuliche mystische Seerosen und Nenuphars schwimmen auf dem glänzenden Wasser, ich denke an Frederik van Eeden[6], weiße, schwarze und graue Reiher stehen am Ufer im Schilf, die beiden Ruderer werfen ihre Stöcke hoch in die Luft, und in paradiesischer

Stille schießt das Boot vorwärts. Immer breiter wird der Fluß, wir nähern uns einem Dorf mit bauchigrunden geflochtenen Hütten, Hunderte weißer Schafe kommen aus den Poldern, ich weiß nicht mehr, wo ich bin, die Sahara verflüchtigt sich in einer holländischen Landschaft, wir rudern zurück, die Sonne wird so groß, daß sie gleich die Erde zu verschlingen droht, an den Ufern rufen Kinder »Toubab, ça va?«, und ja, es geht, ich gehe, der Abend geht, die Zeit geht, es zieht sogar so etwas wie Nebel auf, Störche fliegen vorbei, und es ist, als schlügen sie Blätter aus Luft um, ein Bauer schwimmt mit seiner Herde vom einen zum anderen Ufer, und als wir wieder im Hafen sind, ist es dunkel.

Am folgenden Morgen stehen wir um sechs Uhr auf dem Rollfeld, doch die Maschine hat eine Verspätung von vierundzwanzig Stunden. Es wird ein langer Tag. Zusammen mit dem Führer fahren wir in die Wüste auf der Suche nach einer Karawane, die wir nicht finden können. Wir kommen zu einer Kameltränke, wo Ochsen an endlosen Ketten Wasser aus dem Boden schöpfen, doch die maurischen Hirten sind feindselig und wollen nicht mit uns sprechen, die Frauen ziehen sich den Schleier vors Gesicht. Im Camp gibt es jetzt keinen Tee oder Kaffee mehr, kein Bier, kein Mineralwasser, keinen Wein, alles sollte mit dem Flugzeug gekommen sein und ist jetzt in Bamako geblieben. In meinem steinernen Zimmer noch immer der Frosch

in der Dusche, der Gecko über dem Bett, die Spinnen, die am Mückenfenster verbrennen. Einen langgedehnten Nachmittag lang liege ich auf dem Bett und denke an meine Reise und an den Mann, der vor meinem Abflug in Paris zu mir sagte: »Afrika? Das ist nie etwas gewesen, es ist jetzt nichts, und es wird auch nie etwas sein. Ich war auch mal begeistert, aber mittlerweile fahre ich seit zwanzig Jahren hin, und es ist hoffnungslos. Die ganze Geschichte dort ist eine Geschichte von Blut und Mord, und so wird es immer bleiben.« Ich kann seine Verzweiflung oder Verbitterung nicht nachvollziehen. Wenn Flugzeuge sich regelmäßig um vierundzwanzig Stunden verspäten, bricht bei europäischen und amerikanischen Reisenden die Pest aus. Verwöhnt in seiner Einsamkeit, asozial geworden in seiner Verwöhntheit, reist der Weiße durch Afrika und sieht *nichts*. Und die Touristen sehen nichts, die in immer größeren Mengen an ein paar wilden Tieren und für Geld tanzenden Masken vorbeigeschleppt werden. Und trotzdem ...
Lévi-Strauss hat es deutlicher ausgedrückt: »Die Ethnologen sind dazu da, zu bezeugen, daß unsere Lebensweise nicht die einzig mögliche ist, daß es auch andere gibt, die Menschen in die Lage versetzt haben, glücklich zu leben. Die Ethnologen laden uns dazu ein, unsere Überheblichkeit ein wenig zu mäßigen, andere Lebensmuster zu respektieren. In den Gemeinschaften, die die Ethnologen untersuchen, gibt es Lehren, die es wert sind, angehört zu werden. Es

sind Gemeinschaften, denen es gelungen ist, zwischen dem Menschen und seinem natürlichen Umfeld ein Gleichgewicht zu finden, eines, dessen Sinn und Geheimnis wir nicht mehr kennen.«

Am letzten Abend werde ich zu einer maurischen Hochzeit eingeladen. Und was bin ich schon mehr als ein Passant? Wer würde zwei zufällig in Zwolle des Weges vorbeikommende Schwarze zu seiner Hochzeit einladen? Gut. Die Stunden verstreichen, und die utopische Wehmut verschwindet mit der Musik. Ich denke an nichts mehr. Die goldenen und silbernen Frauen tanzen, stets die gleichen vogelartigen Bewegungen, die Musik zieht ihre eintönigen Bahnen, als ich, Stunden später, noch eine Weile auf der Terrasse des Camps sitze, höre ich immer noch das Trommeln, das gleiche, immer das gleiche. Der Mond liegt auf dem Rücken am Himmel, es wird wohl eine Karawane nach Timbuktu ziehen, ein Esel schreit, Hunde beginnen zu heulen, morgen sitzt auf diesem Stuhl jemand anders, morgen ist es wieder heiß. Alles scheint so zu sein, wie es sein muß. *1971*

1 Peter Schat (1935-2003): niederländischer Komponist.
2 Jacques Chaban-Delmas (1915-2000): ehemaliger französischer Ministerpräsident.
3 Zum Zeitpunkt der Entstehung dieses Textes existierte die EWG noch, die Vorläuferin der EU.
4 Herman Haan (1914-1996): niederländischer Archäologe und Architekt.
5 Die Tellem sind ein Ureinwohnerstamm Malis.
6 Frederik van Eeden (1860-1932): niederländischer Schriftsteller.

Der maßlose Kontinent

I. Madagaskar

Sehr früher Morgen. Aufgewühlte See hinter dem Bullauge an Backbord. Sturzflüge großer Möwen vor dem tosenden Blei. Als ich an Deck gehe, muß ich mich festhalten. Rechts liegen die schartigen Hügel von Madagaskar, wir müssen schon Stunden an der Küste entlanggefahren sein, denn dies ist die Südostspitze, an der wir eigentlich anlegen sollten, Port Dauphin. Das große Schiff fährt langsam, schaukelt heftig. Die Küste steinig, trocken, Sand, in der Nähe des Hafens als Warnung ein verrostetes Wrack. Ein Pier, ein paar niedrige Gebäude, ein Kran. Im Wasser sehe ich ein schmales, langes Holzboot mit Ruderern, die gegen die Wellen ankämpfen. Und hundert Meter weiter nochmals gut zwanzig dieser Boote, eine Phalanx, die zerbrechlichen Gefährte dicht beieinander. Ich sehe, wie sie hochgehoben werden, am Wellenberg schräg abwärtsgleiten, für einen Augenblick unsichtbar werden und dann wieder auftauchen. Die Männer müssen mit aller Kraft rudern, um nicht noch weiter vom Schiff abgetrieben zu werden. Die am weitesten entfernten sehen aus wie Hieroglyphen, wettergegerbte Männer und Jungen, dunkel abgezeichnet gegen das Weiß der Schaumkronen. Ihre

Boote: ausgehöhlte Baumstämme. Zweifache Enttäuschung, die der Ruderer und die der Passagiere. Wir werden nicht an Land gehen, der Sturm ist zu heftig. Der Hafen sieht schäbig aus, hier herrscht Armut. Für die Männer hätten wir Geld bedeutet, für uns bedeutet es, daß wir das Land, den kleinen schäbigen Ort, nicht riechen, die Sprache nicht hören werden. Doch das Bild wird mir als Parabel in Erinnerung bleiben, die Unmöglichkeit einer Begegnung. Das hohe, mächtige Schiff und die verbissen rudernden Männer, die sich immer weiter von ihm entfernen. Die vorbeifliegenden Wolken, das weiße Licht des Morgens glänzend in der blauschwarzen Ölfarbe der wilden Wogen. Langsam geraten die Hügel außer Sicht, die Böen peitschen die Passagiere nach drinnen. Die Männer in ihren Einbäumen rudern an Land, eine kleine Flotte, die vom Sturm in den Hafen zurückgejagt wird, der Verdienst einer Woche verflogen im Wind.

II. Stellenbosch

Januar, Hochsommer. Eine verkehrte Welt, niederländische Häuser in den Tropen, weiß verputzt, hinter wollüstigen Hortensien. Eine Zeitung, die ich mit einiger Mühe lesen, Sprache, die ich verstehen kann. Von allen Seiten Musik, ein Straßenumzug mit hohen Wagen, darunter ein gigantisches Schwein aus rosaroten Azaleen, Singen und Rufen, der Festtag der Universität. Hunderte weißer Studenten, ist dies Afrika? Sie sitzen da, hoch und blond, singen und trinken Bier. Zwischen den Wagen eine kleine schwarze Band, farbige Männer in farbigen Kleidern, die auf Tamburine schlagen. Auf dem Bürgersteig Wahlplakate: *Stop ANC Racism*. Bin ich, wo ich bin? Wieviel Geschichte muß ich hinunterschlucken, wenn ich so ein Plakat lese? Jemand erzählt mir, daß es zwanzigtausend weiße Studenten in Stellenbosch gibt. Ich sehe die Freude auf all diesen jungen Gesichtern – in was für einem Land müssen sie alt werden? Kann es hier bleiben, wie es ist? Muß der ANC nicht seine Versprechen einlösen, seine Anhängerschaft belohnen, mit Bildung, mit Arbeit? In Simbabwe sind die weißen Farmer enteignet worden, und das hatte entsprechende Folgen. Hunger, Land, auf dem nichts mehr wächst, galoppierende Inflation. Doch die afrikanischen Nachbarn wenden sich nicht von Mugabe ab. Kann so etwas auch hier passieren? Unter allem schlummert eine gewalttätige Vergangenheit, die jetzt und hier unsichtbar zu sein scheint, verborgen unter dem Balsam einer Aussöhnungskommission, einer öffentlichen Beichte ohne Strafe. Das Land hat gegenwärtig andere Sorgen, Gewalt, Aids, Arbeitslosigkeit, ein Präsidentschaftskandidat, der erst wegen Korruption, dann wegen Vergewaltigung unter Anklage gestellt wurde.[1] Doch vorläufig funktioniert es.

Rings um die Stadt die Weinberge mit den poetischen Namen in meiner Sprache, Land, das sich schon seit Jahrhunderten in den Händen von Weißen befindet. Wein ist Tradition, überliefertes Wissen. Die Landschaft fließend wie die elysischen Gefilde, grüne Hügel, eine Provence, eine Toskana. Die ältesten Weinstöcke stammen aus der Zeit van Riebeecks, Ende des siebzehnten Jahrhunderts.[2] In den Restaurants, die zu den Weingütern gehören, ist die Kundschaft meist weiß, die Bedienung schwarz, die Küche international. Ich lese *The Zimbabwean*. In London kostet die Zeitung 50 Pence. In Südafrika zweieinhalb Rand, in Simbabwe 50.000 Simbabwe-Dollar – jedenfalls, als ich zum letztenmal dort war. Wieviel es jetzt sind, weiß ich nicht, vielleicht eine halbe Million. Von meinen Fragen ist auf all diesen Gesichtern nichts erkennbar. Später, als ich der Festfreude den Rücken gekehrt habe und durch ruhige, elegante Alleen mit großen Häusern gehe, komme ich in die Nähe der reformierten Kirche. Von drinnen schallt der schwere Gesang heraus, den ich aus den Niederlanden kenne, der träge, gedehnte, monotone Fluß der Psalmen, Stimmen von Männern und Frauen, tief und hoch, massiv und überzeugt. Als ich die Tür öffne, sehe ich eine große weiße Menschenmenge. Die Kirche ist bis zum letzten Platz besetzt.

Eine Woche später bin ich weit entfernt von Kapstadt auf einem alten Landgut zu Besuch. Der Hausherr ist der letzte seines Geschlechts, das Anwesen schon seit Jahrhunderten im Familienbesitz. Backstein, niederländische Bauweise, ein Landhaus, wie es auch an der Vecht stehen könnte. Die Gäste schlafen in den früheren Sklavenbehausungen, unter Brautschleiern aus Moskitonetzen. Es gibt keine Klimaanlage, die Hitze ist überwältigend, läßt auch nachts nicht nach, wir sind hier nicht in den Niederlanden, sondern eindeutig in Afrika. Auf der Visitenkarte des Besitzers steht: *Schweineschlachter, Pilot, Anwalt beim Obersten Gerichtshof.* Beim Abendessen sind wir zu fünfzehnt. Leuchter, Kerzen, der Hausherr spielt Chopin und dann eine Platte von André Hazes,[3] wozu er sich ein orangefarbenes Tuch um die Schultern drapiert. Auch hier sind die Angestellten schwarz, schwere Frauen, gutmütig, ernst, Mutterfiguren, der Gedanke an *Vom Winde verweht* liegt nicht fern. Einer der Gäste, ein junger Mann, erzählt von seinem Wettkampf bei den Olympischen Spielen in Sydney, wie er, angefeuert von den Schreien der Zuschauer, wie in einem Rausch seinen Lauf gewonnen hat, danach aber den Sport hat aufgeben müssen, eine Geschichte von Sieg und Niederlage. Wir anderen sitzen und hören zu unter den Leuchtern, die Kerzenflammen flackern sacht im Abendwind. Später gehen wir hinaus, jeder in sein eigenes Häuschen. Es ist eine klare Nacht, ich gehe noch etwas spazieren. Auf dem kleinen Friedhof liegen die Vorfahren, im Mondlicht kann ich ihre Namen entziffern. Ich spüre die endlose Weite des Landes ringsum, höre das leise Geräusch des trägen Flusses, der hier vorbeifließt, Nachtvögel,

Pferdegewieher. Am nächsten Morgen spielen wir Krocket auf dem Rasen am Fluß, das Wasser hat die Farbe von Wüstensand. In derselben Woche spricht Mbeki von Land, das der Verfassung zufolge anders verteilt werden müsse. In der Zeitung lese ich später, daß bei der Wahl eine Weiße die schwarze Bürgermeisterin von Kapstadt besiegt hat.[4] Wo war ich? Habe ich mit den richtigen Augen geschaut? War ich ein Passant in den Ausläufern einer unmöglichen Vergangenheit, oder habe ich ein Land gesehen, in dem eine mögliche Zukunft entworfen wird? In den alten Landhäusern eine Vergangenheit, die sich nostalgisch selbst idealisiert, weit entfernt von jener anderen Vergangenheit der Apartheid und Sklaverei, die in den Townships chaotisch weiterwuchert, ein noch lange nicht verarbeitetes Erbe, auf der Suche nach irgendeinem Modus vivendi. Und alles dazwischen, der unberechenbare Kochtopf der Geschichte.

III. Kap Agulhas

Unausrottbar, der Drang zum weitest entfernten Punkt. Auf der Karte habe ich gesehen, daß der südlichste Punkt dieses gesamten unermeßlich großen Kontinents Kap Agulhas heißt, woraus folgt: Ich muß dorthin. Ich habe auf der R 43 Kurs darauf genommen, muß dann aber an Wolvengat und Zoetendalsvlei vorbei zur R 319, die nach Süden führt. Wind, leere Landschaften, Raum. Und stets die Verführung der Namen, jetzt noch verstärkt durch das Afrikaans, diese merkwürdige Enkelin meiner eigenen Sprache, Hand in Hand mit dem Englisch der anderen: Gansbaai, Danger Point, Uilenkraalsmond, Pearly Beach, Buffeljags, die Dam, Struisbaai: Gänse, Gefahr, Eulen, Perlen, Büffel, Strauße, Wölfe und süße Täler – Namen haben immer so viel zu erzählen. Erst danach, am Ende meines Wegs, kommt die dritte Sprache hinzu, Portugiesisch, denn wer als erster da ist, darf den Namen geben. Das ist ungerecht, denn dieses Kap hatte natürlich längst einen einheimischen Namen in einer Sprache, die die Portugiesen weder verstehen noch aussprechen konnten. Doch der erste portugiesische Seefahrer hier hatte einen Kompaß bei sich, der ihn völlig verwirrte, weil die Nadel ohne ein einziges Grad magnetischer Mißweisung schnurgerade nach Norden zeigte, und das galt nicht nur für diesen einen Kompaß, was den Namen erklärt: Cabo Agulhas, Kap der Nadeln. Hier stößt das warme Wasser des Indischen Ozeans auf das viel kältere des Atlantiks, und das bringt beide in Aufruhr. Im Süden fließt der warme Agulhasstrom an der ostafrikanischen Küste entlang und prallt dann in den Indischen Ozean zurück, wobei sich Teile des Mahlstroms abschnüren, Wirbel, die er in den Atlantik schwemmt – die sogenannten Agulhasringe – und die große Mengen salziges und warmes Wasser mitführen. Ruhe herrscht dort folglich nie, es ist ein aufgewühltes Seemannsgrab mit bis zu dreißig Meter hohen Wellen und einer langen Totenliste an Wracks. Die heftigen Winde, die zum vierzigsten Breitengrad gehören, rasen von West nach Ost in die gleiche Richtung wie der Polarstrom, mit dem sie gemeinsam auf den viel wärmeren Agulhasstrom prallen, und wenn das geschieht, ist der Teufel los, um so gefährlicher, als das Wasser flach ist und voller Felsen, ein Unterwasser-Afrika, das sich südlich des Kaps noch zweihundert Kilometer weit fortsetzt, bis es sich mit einem Steilabhang plötzlich verabschiedet. In Seemannsgeschichten ist das so harmlos aussehende Kap Agulhas mit seinem eher sanften Küstenverlauf deshalb doch der schroffe Konkurrent von Kap Hoorn, das hoch und dramatisch aus dem Ozean aufragt.

Am Tag, als ich Kap Agulhas besuche, ist es ruhig. Ich sitze friedlich da und blicke in Richtung des unsichtbaren Südpols, zusammen mit einer rührend kleinen weißen Möwe mit schwarzen Oberflügeldecken, die auf einer hauchdünnen Felsenspitze das Kap bewacht, und gemeinsam lauschen wir einem Idioten, der sich das dramatische Ende eines Kontinents dazu ausgesucht hat, mit seinem Mobiltelefon die Stille zu stören. Weiße riffartige Felsen, die wie gemeine Zähne aus dem Wasser ragen, so sieht das Ende Afrikas aus, und plötzlich habe ich das Gefühl, diesen ganzen unruhigen Erdteil im Rücken zu haben, mit Darfur und dem Tschad, den Stammeskämpfen in Kenia und dem Krieg im Kongo, den Pyramiden und dem Kilimandscharo, dem Urwald und den Wüsten. Das Meer vor mir ist grün, wenngleich nicht wie Smaragd, *U is nou op die mees suidelike punt van die Kaap* (Sie befinden sich jetzt am südlichsten Punkt des Kaps), steht da, doch als ich später auf einem alten vergilbten Globus den nördlichsten Punkt suche, sehe ich, daß er in der Nähe des früheren Karthago liegen muß, wo Afrika Sizilien küßt und von wo aus Hannibal einst aufbrach, eine Welt zu erobern, die auf dieser Erdkugel neben dem gewaltigen Koloß Afrika plötzlich sehr klein und nichtig aussieht.

IV. Elim

Jemand hat mir von einer ehemaligen deutschen Missionsstation erzählt, von einem stillen Dorf, einer schönen Kirche, gelegen in der Nähe eines Hügels namens Geelkop (Gelbkopf), nicht weit entfernt vom Soetmuisberg (Süßmausberg) und von einem Fluß namens Grashoek (Graswinkel), doch als ich dort angekommen bin, finde ich kein richtiges Dorf, sondern eine freie Fläche mit ein paar weit auseinanderliegenden Gebäuden. Ich sehe einen kleinen Kramladen, ein Denkmal, bestehend aus einem Sockel, einem spitzen Obelisken und darauf einem Ball, alles weiß verputzt, und zwar so blendend weiß, daß es in den Augen schmerzt.

Der Boden dürr, spärliches Gras, das umliegende

Land weit, sie müssen diesen Fleck inmitten der Leere sorgfältig ausgesucht haben, denn genau hierher kamen sie unter einem grellblauen Himmel, die Herrnhuter, um eine Missionsstation für die Armen aufzubauen. Man schreibt das Jahr 1824, vierzehn Jahre später werden die Sklaven befreit, die Bevölkerung Elims wächst rasch auf über siebenhundert an. 1722 hatte Nikolaus Ludwig Graf von Zinzendorf auf seinem Gut in Sachsen die Brüdergemeine Herrnhut (»unter der Obhut des Herrn«) ins Leben gerufen, seine geistigen Nachfahren, wie er von Heimweh nach einem früheren Christentum, frei von dogmatischen Kämpfen, erfüllt, zogen in alle Welt und gründeten überall weitere Brüdergemeinen. Eine von ihnen war Elim. Das Wort bedeutet Oase, und etwas davon ist noch zu spüren, als ich in die Kirche trete. Die Tür steht weit offen, ich bin allein. Es dürfte die weißeste Kirche sein, die ich je gesehen habe, automatisch trete ich leiser auf, denn hier ist die Zeitmaschine am Wirken, mein Jahrhundert schreibt sich nicht mehr mit einer Zwei vor dem Tausender, und auch das Jahrhundert davor verflüchtigt sich bei all dem Weiß: weiße Bänke, weiße Wände, weiße Türen, weiße Säulen, an den Wänden heilige Texte in einer altertümlichen, biblischen Version meiner Sprache, hier ist alles dem Herrn geweiht, es gibt keine Kanzel, vor einer der Kirchenwände steht ein Tisch mit einer buntkarierten Decke, und darauf liegt Das Buch, mächtig, schwarz, Goldschnitt, Das Wort, das hier an Sonntagen den Raum erfüllt. Für den Prediger gibt es einen einfachen Holzstuhl ohne Armlehnen, mit geflochtenem Sitz, hier herrschen noch andere Zeiten, alles hat die atemberaubende Schlichtheit eines altertümlichen deutschen oder niederländischen Protestantismus, es muß auf die damaligen Landesbewohner einen umwerfenden Eindruck gemacht haben, und so hat es sich erhalten, wie in Reinkultur. Durch die hohen, hellen Fenster sehe ich den afrikanischen Sommerhimmel, Palmen, die die Herrnhuter Augen nie zuvor erblickt hatten. Auch draußen ist es still, ein paar Kinder spielen auf der großen, freien Fläche bei der Skoolstraat, ich gehe durch das rührende kleine Museum, Fotos der Schule von Lehrer Martin Hans mit seiner Klasse 1963, arme Kap-Bauernsöhne in Schwarz, ein von vielen Eseln gezogener Wagen, der Debütantinnenball Laetitia Africa, ein verrostetes Bügeleisen, eine Nähmaschine, die zu ihrem eigenen Monument geworden ist – über allem liegt ein Schleier vergangener Zeit. Als ich noch einmal in die Kirche gehe, sehe ich die Liste Elimer Soldaten, die von 1939 bis 1945 »in der Union, in Abessinien, Zentral- und Nordafrika, Palästina und Italien« gedient haben. »Alle Männer kamen unversehrt nach Hause.« Und heute? Ein Strukturplan, ein demokratisch gewählter *Opsienersraad* (Aufsichtsrat), Fortschritt, Zentimeter um Zentimeter. Die Wasserversorgung soll verbessert werden, es gibt ein Heim für fünfundfünfzig geistig und körperlich behinderte

Kinder, das Wildblumenprojekt der South African Dried Fruit Cooperative ist ein Erfolg, 2010 wird der *Opsienersraad* es an die Gemeinschaft übergeben, und der Tourismus soll gefördert werden. Der einzige Tourist dieses Tages sitzt in der weißen Kirche. An der Wand hängt die Losung vom 1. August 1924: »Glaubet an das Licht, solange ihr's habt.«

V. Sevilla Trail

Wir sind im Cederberg Naturreservat. Die Straße ist nicht länger asphaltiert und führt nach Wupperthal, wenn auch nicht dem in Deutschland. Wir sind über den Pakhuis-Paß gekommen, durch eine Landschaft von großer Schönheit. Der Schöpfer hatte einen manieristischen Tag oder vielleicht schlichtweg keine Lust auf ein klassisches Meisterwerk. Er hat einfach von dem Material genommen, das hier herumlag, hat nach seiner grimmigen Vorstellung alles hingeworfen, danach wieder übereinandergetürmt und ist dann gegangen, alles so lassend, wie es nun war, groteske Stapel, bizarre Formen, die bei bestimmtem Licht gespenstisch aussehen, eine Landschaft für Dichter. Vielleicht hatte er auch einfach nur getrunken, der Fluß, der hier vorbeifließt, heißt Brandewyn. Wir sind unterwegs zum Sevilla Trail, einem Pfad mit über zweitausend Jahre alten Felsmalereien, der an einem Farmhaus namens Traveller's Rest anfängt.

Ein alter Farmer sitzt unter einem Grüppchen Eukalyptusbäume, die hier *gumtrees* heißen und deren Rinde in Streifen herabhängt, er macht irgend etwas Paradiesisches aus Früchten und Blättern; Koos und Haffie Strauss bauen hier Pflanzen an, die sie zu Ölen verarbeiten, sie züchten, wie eine Website informiert, die ich später zu Gesicht bekomme, Geranien, Sutherlandia (Krebsbusch), Grenadillas, Mais und Rooibostee. Sie bewirtschaften auch ein paar Steinhäuschen, die mitten im wilden Land stehen, ihre mächtige Farm ist der letzte Außenposten an der langen Straße, die in der Ferne verschwindet. Wenn man ein paar Tage vorher anruft, kann man auch etwas zu essen bekommen; wir haben das nicht getan, sondern alles Benötigte in Clanwilliam eingekauft, und können es jetzt vor dem Häuschen über einem offenen Feuer zubereiten.

Die Hitze ist brutal, es sind über vierzig Grad. Koos hält es für keine gute Idee, zu dieser Tageszeit den Trail entlangzuwandern, doch ich habe keine andere Wahl. Er sagt mir, worauf ich achten muß, bei einem sehr großen Felsen solle ich mich einfach unter den Überhang legen, ich solle Ausschau halten nach tanzenden Frauen, nach dem ausgestorbenen Quagga, einer Art ockerfarbigem Zebra ohne Streifen, nach Bogenschützen und anderen Jägern und währenddessen hoffen, einen *dassie* oder *hyrax* (Klippschliefer) zu Gesicht zu bekommen, ein kleines Nagetier, das die Wüste bewacht. Der Trail beginnt jenseits der Straße.

Die anderen machen es sich derweil im Häuschen bequem, plötzlich ist die Stille überwältigend. Keine Vögel, keine anderen Menschen, nur die Fotografin und ich, unsere Schritte auf den Felsen und im groben Sand. Ich will an jedem Felsen eine Malerei erkennen, doch so schnell geben sie sich nicht preis, die Wanderung dauert Stunden. Das Flußbett ist ausgetrocknet, der Schlamm gesprungen, ausgelaugte Wasserpflanzen und weiße Steine erzählen von der Hitze. Dann sehe ich die ersten Gestalten, schmal, hieratisch gezeichnet, Menschen unterwegs mit Pfeil und Bogen, rot, schwarz, in Jahrtausenden verwittert, manchmal kaum erkennbar. Es ist, als habe jemand sein Testament gezeichnet, ein Manifest, das über all die Jahrhunderte hinweg von diesen Felswänden seine Botschaft verkündet: Du kennst uns nicht, doch dies war unsere Welt, hier haben wir gelebt und gejagt, wir haben uns selbst gezeichnet, dieses wilde Land, das du nur flüchtig streifst, war unser Kosmos, so hat es ausgesehen. Ein Gemsbock, ein Fohlen, ein Jäger, hier und da auch reptilienartige Ungeheuer, die etwas bedeutet haben, das du nicht mehr herausfinden kannst. Unsere Sprache kannst du nicht hören, wir waren die Koi und die San, doch unser Bildnis haben wir hinterlassen, so daß du über uns nachdenken mußt, dies ist der Abdruck unserer Hände, mit denen wir diese Zeichnungen angefertigt haben. Ich schaue und lausche den Zeichen in der Stille, zuweilen sind es ganze Gruppen im Gänsemarsch, leicht vorgebeugt, so daß man fast meinen könnte, sie bewegten sich in ihren verwischten mennigeartigen Farben, der Farbe getrockneten Bluts. Durch das Geheimnisvolle der Landschaft scheint es nun auch so, als hörte ich sie sprechen, die leisen Laute einer unverständlichen, von der Zeit gelöschten Sprache.

Am Abend zeigt sich der Vollmond. Zuerst ist alles grau geworden, die Farben verblassen an den Felsen und den wenigen, kümmerlichen Mandelbäumen, jemand von uns hat eine CD im Autoradio eingelegt, der Klang einer Frauenstimme breitet sich über der Ebene aus, das einzige Licht kommt von fern, vom Traveller's Rest, in einem Steinwall haben wir ein Feuer angezündet, um das Fleisch in der Asche zu rösten, der Himmel wird mit Sternen beschrieben, und ich denke an die jetzt unsichtbaren Zeichnungen von Bogenschützen und Tänzern, die für dieselben Sterne andere Namen hatten, Namen, die sie auf ihrem Weg durch die Zeit mitgenommen haben.

VI. Matjiesfontein

Mitten im Nichts und Nirgendwo liegt Matjiesfontein. »Nichts« sollte ich nicht sagen, denn im Nichts kann man nicht gehen, und dennoch habe ich das getan. Zunächst folge ich den Bahngleisen. Die Schienen glänzen, und das tun sie nicht, wenn auf ihnen keine Züge mehr fahren. Und Züge fahren nicht durchs Nichts. Also streichen wir das. Und auch der Pfad, den ich nun wähle, ist konkret: trockener Boden mit harten, scharfkantigen Steinen. Einfriedungen – um Nichts würde man auch keine Zäune aufstellen. Harte, niedrigwüchsige Pflanzen und Sträucher, deren Namen ich gern wüßte, Land bis zum Horizont. Ich bin nicht der einzige, der an Nichts gedacht hat, denn nach einstündigem Fußmarsch komme ich zu einem mit Stacheldraht versperrten Tor, auf dem *Verloren Vlei* steht, Verlorenes Tal. Der Name paßt, und der Weg hört hier auf. Warum weicht man von seiner Route ab? Wegen einer Geschichte. Inmitten des Nichts soll ein Dorf liegen, und in diesem Dorf ein Hotel und ein Bahnhof. Wer dorthin fährt, ist gewarnt, und darin besteht der Reiz. Das Leben ist hier vorübergehend ausgeschaltet, es gibt Leute, denen das gefällt. Dorf ist übertrieben, ein paar staubige Straßen, falls hier jemand wohnt, läßt er sich jedenfalls nicht blicken. Eine tote Tankstelle mit einer Handpumpe, *the red line indicates the exact measure*. Das Hotel ist gigantisch, es gehört in eine Großstadt. Viktorianisch, als habe man es soeben aus dem London des neunzehnten Jahrhunderts herausgerissen, ohne die dazugehörige Umgebung, unwiderruflich entschwundene Zeit, vergangene Pracht, ein Hotel als Parodie seiner selbst. Aber übernachten kann man darin. Dann wird man zur Parodie eines Gastes: ein Handelsreisender auf dem Weg zur Matjiesfontein Sausage Factory in der Logan Straat, ein bezahlter Statist in der Geschichte eines anderen Menschen. Ein verrückter Schotte hat das Hotel an diesem Ort der trockenen Luft wegen erbaut, die für Lungenkranke wie ihn gut sein soll. Es lief sehr erfolgreich. In den Hotelregistern die Namen vornehmer Gäste, Cecil Rhodes, der Sultan von Sansibar. Alles ist zweifellos wahr. *Lord Milner* steht in großen weißen Buchstaben auf dem Dach zwischen den drei quadratischen zinnenbewehrten Türmen, über denen Fahnen flattern. Über die gesamte Breite des Gebäudes eine Terrasse mit zwei hundertjährigen Zypressen, darüber eine lange Galerie mit gußeiserner Balustrade. Ich gehe hinein ins neunzehnte Jahrhundert. Meinen anachronistischen Wagen habe ich neben einem riesigen Feuerwehrauto aus vergangenen Tagen geparkt. Um zum Eingang zu gelangen, muß ich an einem hohen, vierstöckigen Springbrunnen vorbei. Es fließt kein Wasser aus ihm. In der Lobby zwei schwarzgekleidete Frauen mit weißer Schürze und weißem Spitzentuch, das zu einem merkwürdigen Türmchen auf ihrem Kopf gefaltet ist. Gleich beginnen die Dreharbeiten, ich muß nur noch schnell meinen Text lernen, ich bin der Sekretär des Enkels des Sultans von Sansibar. Sonst ist niemand zu sehen, aber jeder weiß, wer ich bin. In der Bar ist alles aus wunderbarem Tropenholz, in die Glasscheiben der Tür ist mit Zierbuchstaben BAR eingraviert, an der Wand hängen ein Geweih und das vergilbte Foto einer Kricketmannschaft, ansonsten gibt es ein Klavier und einen grün angelaufenen Trichter von His Master's Voice. Die Vorhölle ist von der katholischen Kirche abgeschafft worden, dabei wäre dies der perfekte Ort dafür gewesen, eine Ewigkeit lang zu warten, bevor man in die richtige Ewigkeit eingehen darf. Der Vorrat an Alkoholischem ist begrenzt, enthält aber das Wesentliche. Später am Abend wird ein dicker Schwarzer mit rosa Schuhen für mich allein spielen und singen. Dann bin ich schon zweimal durch das ganze Dorf spaziert, ohne jemanden zu sehen, und brauche nur noch auf die Ankunft des Zugs zu warten. Ich glaube nicht daran, doch es geschieht wirklich, schon lange vorher höre ich sein klägliches Rufen über die Ebene. Am Bahnhof ein kleines Museum. Ein Foto von einigen *railway contractors and friends* aus dem Jahr 1879, wir sehen uns über das lange Jahrhundert hinweg an, das zwischen uns liegt, einige der Männer haben noch einen Namen, die anderen haben selbst den verloren, doch da sie meinen genausowenig kennen, sind wir quitt. Meinem Notizbuch entnehme ich, daß ich wie gewöhnlich versucht habe, das gesamte Museum schriftlich festzuhalten, Marken und Meßbecher, einen ausgestopften Fisch, die Kursbücher der Rhodesian Railway, Friseurstühle und künstliche Gebisse, Abfahrts- und Ankunftszeiten, Kricketbälle und die Ballade aus dem Burenkrieg, die auch im Hotel hängt:

The black Watch at Matjiesfontein
By one who was there

Tell you a tale of the battle
Well, there is not much to tell,
Nine hundred went to the slaughter
And nigh on four hundred fell

Wire and the Mauser rifle
Thirst and the burning sun
Knocked us down by the hundred,
Ere the long day was done.

Vergessener Krieg, vergessene Männer, fünfundzwanzig Strophen. Inzwischen ist der glänzende Zug eingefahren, das Ereignis des Tages. Die Reisenden speisen im großen Hotel, bevor sie nach Kapstadt weiterfahren. Ich starre auf die geheimnisvolle Maschine, mit der jemand von Hand die Weichen umstellen muß, Holzgriffe an schweren Metallringen mit Ketten. Auf dem Plan an der Mauer lese ich die Angaben *hooflyn, uitwykspoor no. 1, uitwykspoor no. 2, sylyn,* Hauptstrecke, Ausweichgleis Nr. 1, Ausweichgleis Nr. 2, Nebenstrecke. Im Zug selbst der Luxus früherer Zeiten, Sessel, Schirmlampen, Teppiche, geblümte Sofas mit schweren Kissen, Kupferbeschläge und Ventilatoren, ein Bediensteter in Weiß, der wartet, bis die Fahrgäste über den schmalen Bahnsteig zurückkehren. Als der Zug abgefahren ist, senkt sich erneut Stille über Matjiesfontein, der dicke Mann in der Bar singt *What a wonderful world* mit der Stimme von Louis Armstrong, und ich werde von mir selbst in dem monumentalen Bett aufgebahrt, das mitten im riesigen Zimmer steht. Am nächsten Morgen zeigt sich, daß ich doch nicht der einzige Gast bin, ein alter Herr mit Stock, der mit Major angesprochen wird, sitzt wie ich vor Eiern mit Speck, gebackenen Bohnen und Tomaten samt rostfarbener HP-Soße, draußen rinnt ein dünner Wasserstrahl über die Ränder des Springbrunnens, die beiden Zypressen wachen, das Feuerwehrauto wartet noch immer auf ein Feuer, *what a wonderful world*.

VII. Oudtshoorn

Es gibt die Große Karoo und die Kleine Karoo, eine zwischen zwei Gebirgszügen gelegene Tallandschaft. Über den dramatischen Swartbergpas und Schoemanspoort bin ich nach Oudtshoorn gefahren, Landschaften von kurz nach der Erschaffung der Welt. Oudtshoorn selbst ist vornehm, mit breiten Alleen und prachtvollen Villen, eine Stadt, einst reich geworden durch den Strauß. Der langbeinige Laufvogel hat vor ungefähr eineinhalb Jahrhunderten eine merkwürdige Adelsgattung hervorgebracht, die Straußenbarone. Warum es immer Barone sein müssen und nicht Herzöge oder Marquis, weiß ich auch nicht, jedenfalls gab es in Oudtshoorn viele von ihnen, ihre Häuser existieren noch, und Strauße werden ebenfalls noch gezüchtet, jetzt weniger um ihrer Federn willen, sondern wegen des Leders und des Fleischs. Es sind merkwürdige Vögel, wer sie hinter dem Zaun einer solchen Farm mal etwas länger beobachtet, den beschleicht allmählich ein mulmiges Gefühl, vor allem wenn es viele sind. Der Hals ist idiotisch lang für den eigensinnigen kleinen Kopf ganz am Ende. Sie sehen aus wie Politiker nach einer unerwarteten Niederlage, voll unterdrückter Wut und verborgener Rachsucht, die jeden Augenblick losbrechen können. Da man in letzter Zeit so oft Straußensteaks auf den Speisekarten sieht, drängt sich die Frage auf, wo ihre großen Keulen sitzen, und das kann natürlich nur an einer Stelle sein, hoch unter diesem bauschigen Kleid aus Federn, die die Köpfe der Damen aus der viktorianischen Bourgeoisie einst so grotesk groß machten, daß sie mitsamt ihren Hüten kaum auf ein Foto paßten. Die nächste Frage lautet, wie man die Tiere wohl schlachtet, diese ellenlangen Beine können gehörige Tritte austeilen, und Enthaupten scheint mir angesichts der meterlangen Hälse auch keine gute Alternative. Eine merkwürdige Seitenlinie der Evolution, gute Gesellschaft für die Giraffen und Nashörner, die man hier in den Reservaten sieht, Ausgeburten der Phantasie, Launen der Natur, Tiere, die in eine Reihe mit dem Basilisken, der Sphinx und dem Greif gehören, dazu gedacht, in den Menschen die Frage aufkeimen zu lassen, wofür diese Vögel eigentlich gut sein sollen. Für Hüte, hätte man vor anderthalb Jahrhunderten gesagt, und wenn man wissen will, warum, muß man ins C. P. Nel Museum in Oudtshoorn gehen, wo es eine Orgie an Straußischem zu besichtigen gibt, angefangen mit einer Fotoserie, auf der dieser Vogel als Held dargestellt ist. Vater, Mutter, Kinder sowie ein Löwe, der weiß, wo bei diesen zarten Kleinen die Steaks sitzen, Vater Strauß, der seine Familie so lange verteidigt, bis Mutter ihre Flauschbälle in Sicherheit gebracht hat und er selbst als kaputtgebissener Staubsaugerschlauch auf seinem eigenen Wollball endet. Es sind alte, vergilbte Fotos, aber sie haben noch nichts an Dramatik verloren. Wie viele Stunden ich in diesem Museum verbracht habe, weiß ich nicht mehr, jedenfalls ist der Vogel Strauß seitdem für mich ein anderes Wesen, allein schon weil ich jetzt weiß, daß die Sache mit dem Kopf im Sand nicht stimmt. Wie man bereits 1549 in den Besitz seiner Federn kam, ist nicht angegeben, auf alle Fälle konnte sich die Schwester Karls V. damit schmücken, und »als der Schwarze Prinz, der in der Schlacht von Crécy 1346 den König von Böhmen geschlagen hat, hat er den Federbusch des gefallenen Königs vom Helm gerissen und auf seinen eigenen gesetzt«. Was Strauße mit Synagogen zu tun haben, wird hier ebenfalls deutlich, denn Oudtshoorn besaß eine große jüdische Bevölkerung, die aus Litauen ausgewandert war und sich auf den Handel mit Straußenfedern gestürzt hatte – mit den entsprechenden Folgen. 1888 hatte Oudtshoorn bereits zwei Synagogen und 1904 die erste »hebräische Schule« Südafrikas, was ihm den Beinamen Klein-Jerusalem eintrug. Oudtshoorn wurde zum reichsten Bezirk der Kapkolonie, 1913 gab es hier bereits zwei Zeitungen, zwei Hochschulen und drei Hotels. Im Museum sind erhalten gebliebene Teile der Synagoge ausgestellt, der siebenarmige Leuchter in Gold vor einem schneeweißen Hintergrund, darüber zweimal die Gesetzestafeln und darüber wiederum eine Krone zwischen zwei Davidssternen, flankiert von goldenen Löwen. Ich lerne, daß der Vogel Strauß in der Heraldik für Schnelligkeit und Ausdauer steht und daß in der Bildersprache der Wappenkunde ein Pferdehuf im Schnabel eines Straußes Geringschätzung für die Kraft des Pferdes ausdrücken soll. Nubische Prinzen erwiesen einem Minister Tutanchamuns Ehre mit einem Federbusch, auf dem »königlichen Friedhof von Irland wurden verzierte Straußeneier von 2600 vor Christus« gefunden, doch ob das stimmt, weiß ich nicht. Prinz Arthur, Thomas und Henry of Bolingbroke, assyrische Könige, der bei der Krönung Edwards VII. von einem südafrikanischen Würdenträger getragene Federbusch, hier wurde nichts dem Zufall überlassen, Nancy, das Springbockweibchen, als Maskottchen des Regiments, das ihr eines Horn im Ersten Weltkrieg durch eine Bombe verloren hat, und das Foto von Arthur Jacobson, der 1893 nach Oudtshoorn gekommen war, 1903

Friedensrichter wurde und 1914 als erster zum Judentum konvertierte, um zum Bürgermeister gewählt zu werden: Namen, Gesichter, Geschichten. Als ich das Museum verlasse, habe ich mindestens dreißig Bücher gelesen, und dann kommt doch noch eines hinzu. Die ersten Worte lauten *Iziko Iezoluleko Iwabafanzi ethsolweni*, das Oudtshoorn *female correctional centre*, mit getrennten Besuchszeiten für verurteilte und noch nicht verurteilte Bewohnerinnen, die hinter dem freundlichen blauen Zaun wohnen, hinter den glänzend weiß gestrichenen, geschlossenen Fensterläden und den üppigen grünen Zimmerpflanzen vor der hellroten Freitreppe. Doch drinnen ist niemand, der auf mich wartet. Ich schaue durch die halb geöffnete Eingangstür hinein, kein Mensch zu sehen.

VIII. Mauritius

Ich habe kein Recht, etwas über diese Insel zu sagen, ich war nicht da. Oder, besser gesagt, ich bin zwar dort gewesen, aber nur auf Stippvisite. Ich flog an einem Silvesterabend dorthin, irgendwo über dem Sudan sagte der Kapitän, das neue Jahr sei da, es gab Champagner, dann las ich weiter. Ich mußte auf Mauritius das Schiff erwischen, das mich weiter nach Süden bringen sollte. Einst waren die Araber dort, dann kamen die Portugiesen, blieben aber nicht. Sie nannten die Insel Schwaneninsel, der Überlieferung zufolge weil sie einen Dodo gesehen hatten, doch wer das glaubt, der spinnt. Dodos haben keine Ähnlichkeit mit Schwänen. Im übrigen fragt man sich, was für ein Gefühl das sein mag, eine Insel zu entdecken. Plötzlich liegt in der Ferne ein vager Fleck, der langsam Umrisse bekommt, Hügel, Berge. Die nächsten »Entdecker« sind die Niederländer, sie geben der Insel den Namen ihres Statthalters Maurits. Tabak und Zuckerrohr wird angepflanzt, aber ansonsten machen wir alles falsch, denn dadurch, daß wir zuviel tropisches Holz schlagen, schaden wir dem Markt in Holland. Wir ziehen ab. Piraten aus Madagaskar haben freies Spiel, bis die Franzosen kommen, danach halten Franzosen und Engländer sich gegenseitig in Schach, und im vorigen Jahrhundert erlangt die Insel ihre Unabhängigkeit. In der Welt kennt man sie für zwei Dinge, die beide mittlerweile verschwunden sind, die berühmte blaue Briefmarke, die ein Vermögen wert ist, und den unglücklichen Dodo, den wir trotz der Tatsache aufgegessen haben, daß sein Fleisch so zäh war. Die religiösen Folgen der Kolonialgeschichte passen nicht wirklich in Darwins Evolutionslehre, und sollten sie es doch, läßt sich nie mehr exakt ausrechnen, wie. Jeder holte sich seine afrikanischen Sklaven woanders her, und als das nicht mehr erlaubt war, kamen die Kontraktarbeiter, gefolgt von den Chinesen, die überall dorthin gehen, wo Menschen sind, und das Ergebnis sieht man jetzt auf den Straßen von Port Louis, Chinesen, Hindustani, Muslime,

Schwarze, teilweise mit Spuren der verschiedenen Kolonialherren, die auf jeden Fall ihre Sprachen hinterlassen haben. Der Grundton ist französisch, wie auch die meisten Namen auf der Karte: Cap Malheureux, Poudre d'Or, Trou d'Eau Douce, Mon Désert, Bel Ombre, Curepipe, le Morne Brabant. Was habe ich dort getan? Beschlossen, einmal wiederzukommen. Eine kleine Insel ist ihr eigener Gegensatz, das heißt ein Kosmos. Viel mehr als fünfzig Quadratkilometer mißt Mauritius nicht, aber das ist, ebendiesem Gegensatz zufolge, unermeßlich groß. Um dies zu erfahren, muß man sich nur einen Nachmittag lang mit der Lokalpolitik und den Namen in der örtlichen Zeitung, *Le Mauricien*, beschäftigen, dann weiß man sofort, was man nicht weiß. Siva Palayathan, Rajayswur Bhowon, die Sergeants Roussety, Ramsamy und Mariane, Lin Ho Wah, Maurice Adaken – in jeder multiethnischen Gemeinschaft weiß jeder sofort, auf welche Herkunft ein Name verweist. Moschee und Kathedrale liegen in Port Louis nahe beieinander, in der Kathedrale findet gerade eine chinesische Hochzeit statt, und kurz darauf gehe ich auf Strümpfen unter einer Luftflotte von Ventilatoren zwischen Männern in weißen Dschellabas mit weißen Scheitelkäppchen an einem Schild *Madrassa Tahfeez ul Q'uran* vorbei und den Zeiten fürs Gebet *4.12, lever du soleil 5.34, Ishrak 5.49*. In meinem Hotel russische Neureiche, die so tun, als hätten sie die Insel bereits gekauft, die sanftmütigen Angestellten müssen sich erst noch an deren

Lautstärke gewöhnen. Nein, ich bin viel zu kurz hier, und so trete ich die Flucht nach vorn an, miete ein Auto, fahre über die Hochebene, komme an Sandstränden und Dörfern mit Hindutempeln vorbei und sehe mir schließlich im Museum die Knochen des ausgestorbenen Dodos an, mit dem Alice in ihrem Wunderland ein solch interessantes Gespräch führte. Adriaan van de Venne[5] hat 1626 noch einen gezeichnet, ein Scheusal mit merkwürdig überhängendem Schnabel, embryonalen Flügeln und albernem aufgerolltem Schwanz, großen, runden Augen unter einer Art Pony, die einen erstaunten Ausdruck ob der eigenen Häßlichkeit zeigen. *Walghvogel* (Ekelvogel) oder *dodaers* (Federstert) nannten die Niederländer dieses groteske flugunfähige Geschöpf. Als das Schiff ausläuft und ich die Insel am Horizont verschwinden sehe, habe ich das Gefühl, diese Reise geträumt oder mir ausgedacht zu haben, ich bin kurz mit einer geschlossenen Welt in Berührung gekommen, die dort in der Ferne, zwischen Afrika und Australien, ihr eigenes buntes Leben führt, ohne daß die einzelnen Religionen einander nach dem Leben trachten. Vielleicht hört man deswegen ja so wenig von dem Eiland.

IX. Réunion

Jemand hat diese Insel aus dem Ozean geschöpft, sie so hoch wie möglich emporgehoben und dann wieder losgelassen, auf der Karte sieht es so aus, als falle sie nach allen Seiten hin steil ab, so viele gewundene Straßen auf einer einzigen Karte habe ich kaum je gesehen. Réunion ist ein französisches Departement, ein letzter Rest Kolonialvergangenheit, woran das ferne Mutterland jedesmal wieder erinnert wird, wenn in dem großen Land in Europa Wahlen stattfinden. Tropisch, vulkanisch, selbst wer hier nur einen Tag verbringt, kann die Insel mit dem Auto umrunden, hat dann aber nichts vom Landesinneren gesehen, das von einer Bastion aus Kratern, Dschungel und über 3000 Meter hohen Bergen beschützt wird. Die Verkehrsschilder sehen aus wie an der Côte d'Azur, doch die Vegetation ist üppiger, die Farbenpracht der Blumen greller. Zwischen 1914 und 1918 starben dreitausend Soldaten von dieser Insel auf den kalten Schlammschlachtfeldern Nordfrankreichs in einem Krieg, mit dem sie nichts zu schaffen hatten. Aber: Man gehört zu einem Reich, oder man gehört nicht zu ihm. Alle Orte entlang der Küste stehen unter dem Schutz eines Heiligen, Saint-Pierre, Saint-Paul, Sainte-Marie, Saint-Leu, Saint-Denis, obwohl es sieben Moscheen gibt, die Tamilen ihre farbenfrohen Götter verehren und die chinesischen Buddhisten ihre eigene Pagode haben. Ich spaziere über die Avenue de la Victoire und lasse mich in der Menge über die Uferpromenade Barichois mittreiben, vorbei an Gärten und Kanonen im samtenen Dunkel, im gedämpften Neonlicht sehe ich das Filigran der Kolonialarchitektur, die Spitzenklöppelei an Balustraden und Dachverzierungen, und denke an den großen Dichter, der hier geboren ist und dessen Grab ich in Paris aufgesucht habe. Hatte er Heimweh nach seiner tropischen Insel, so fern im Ozean? Charles-Marie-René Leconte de Lisle:

> ... *Auf! Jenseitsstimmen, die ihr Unruh tragt,*
> *Ihr Laute zwischen Erd' und Himmel, steigt!*
> *Erhebt zu hellen Sternen euch und fragt*
> *Nach jenem Weg, der bis zu ihnen reicht!*
>
> *O Meer, ihr Wälder, frommer Erdenmund,*
> *Ihr wolltet, da die Zeit mich schlug, nicht ruhn!*
> *Ihr senket Frieden in der Trauer Grund*
> *Und singt für immer mir im Herzen nun.*

An dem flüchtigen Tag, an dem mein Schiff dort zwischen zwei anderen Stationen anlegt, steht der Wetterbericht von Frankreich (Straßburg minus 5 Grad) neben dem von Réunion (Saint-Denis 30 Grad), kosten Hühnerschlegel aus den Niederlanden 1,90 € pro Kilo, ist in Saint-Denis ein Küken mit vier Beinen zur Welt gekommen und will der stellvertretende Bürgermeister von Tampon, André Thien-Ah-

Koon, nach dreißig Jahren lieber selbst zurücktreten als vom Kassationshof abgesetzt zu werden. Dies alles im *Le Journal de l'Ile*. Ein Sturm wird nicht erwartet, die Arbeitslosigkeit ist hoch, die Heilige Jungfrau mit dem Sonnenschirm beschützt noch immer die Vanilleplantagen, und in Kürze, zwischen dem 15. Februar und dem 15. April, dürfen diejenigen, die eine entsprechende Jagdlizenz besitzen, wieder Igel jagen. Vier Monate nach meiner Abreise bricht der Piton de la Fournaise aus, in einer wahnsinnigen Feuersglut stürzen die Kraterwände ein, und in einem kilometerlangen Strom flüssigen Feuers sucht die brennende Lava sich über die steilen Hänge einen Weg in den Ozean.

2008

1 Präsidentschaftskandidat: Jacob Zuma (geb. 1942), südafrikanischer Politiker vom Stamm der Zulu, wurde im Dezember 2007 zum Vorsitzenden des Afrikanischen Nationalkongresses (ANC) gewählt und hat damit große Chancen, Thabo Mbeki (geb. 1942) als Präsident der Republik Südafrika abzulösen. Wegen eines Korruptionsskandals hatte Mbeki 2005 Zuma als Vizepräsidenten des Landes entlassen. In einem Vergewaltigungsprozeß, in dem er ungeschützten Geschlechtsverkehr mit einer HIV-infizierten Freundin der Familie zugegeben hatte, war Zuma 2006 freigesprochen worden.
2 Jan van Riebeeck (1619-1677): niederländischer Schiffsarzt und Kaufmann, Begründer und erster Verwalter der Kapkolonie in Südafrika.
3 André Hazes (1951-2004): beliebter niederländischer Sänger.
4 Bürgermeisterwahl: Helen Zille (geb. 1951), deutschstämmige südafrikanische Journalistin und Politikerin der Demokratischen Allianz (DA), löste im Zuge der Kommunalwahlen im März 2006

die nicht unumstrittene schwarze ANC-Bürgermeisterin von Kapstadt, Nomaindia Mfeketo, ab.
5 Adriaan van de Venne (1589-1662): niederländischer Maler, Grafiker und Dichter.

Quellennachweise

Die im vorliegenden Band versammelten Reisegeschichten wurden von Helga van Beuningen aus dem Niederländischen übersetzt, mit Ausnahme der Texte aus *Die Stille ist stiller als still*, die Rosemarie Still übertragen hat. In Buchform sind sie in deutscher Sprache erstmals in den im folgenden genannten Bänden veröffentlicht worden. Inzwischen sind alle Geschichten in Cees Nootebooms *Gesammelten Werken* nachzulesen; allein *Der maßlose Kontinent* wird im vorliegenden Band erstmals veröffentlicht.

Das Motto des Bandes, das Gedicht *Ksar, Jbel Sarhro*, findet sich in Band 1 der *Gesammelten Werke* auf S. 236 und wurde von Ard Posthuma übersetzt.

Am Rande der Sahara
In: Cees Nooteboom, Nootebooms Hotel (Suhrkamp 2000), S. 90-102 und GW 6, S. 9-21
© der deutschen Übersetzung Suhrkamp Verlag Frankfurt am Main 2000

Dahinter hört die Welt auf
   Freitags reitet der Sultan aus; *Die gespaltene Stadt. Casablanca: Zwischen Place de France und Medina*; *Marrakesch: Schlüssel zum Atlas und zur Sahara*; *Fremdling in Nordafrika*; *Durch den Atlas in die Sahara*
In: Cees Nooteboom, Der Laut seines Namens. Reisen durch die islamische Welt (Suhrkamp 2004), S. 38-81 und GW 7, S. 129-161
© der deutschen Übersetzung Suhrkamp Verlag Frankfurt am Main 2004

Dahinter hört die Welt auf...
In: Axel Hütte, Cees Nooteboom, Kontinente (Schirmer/ Mosel 2000), S. 67-71 und GW 7, S. 161-166
© der deutschen Übersetzung Suhrkamp Verlag Frankfurt am Main 2004

Lady Wright und Sir Jawara, eine Schiffsreise auf dem Gambia
In: Cees Nooteboom, Nootebooms Hotel (Suhrkamp 2000), S. 20-48 und GW 6, S. 22-49
© der deutschen Übersetzung Suhrkamp Verlag Frankfurt am Main 2000

Die Stille ist stiller als still
   Ach ja, Palmen; *Fakha, Leffa, Attarine*; *Die große Moschee*; *Abend in der Stadt*; *Scheherazade*; *Wind und Regen*
   In: Cees Nooteboom, Der Laut seines Namens. Reisen durch die islamische Welt (Suhrkamp 2004), S. 85-112 und GW 7, S. 297-306 und 315-323
   © der deutschen Übersetzung Suhrkamp Verlag Frankfurt am Main 2004
   Oder nicht mal das; *Eine Nacht in Tunesien*; *Nefta, die letzte Oase*
   In: Axel Hütte, Cees Nooteboom, Kontinente (Schirmer/ Mosel 2000), S. 74-81 und GW 7, S. 306-315
   © der deutschen Übersetzung Suhrkamp Verlag Frankfurt am Main 2005

Mondland Mali
In: Cees Nooteboom, Nootebooms Hotel (Suhrkamp 2000), S. 49-89 und GW 6, S. 50-89
© der deutschen Übersetzung Suhrkamp Verlag Frankfurt am Main 2000

Der maßlose Kontinent
Erstveröffentlichung
© der deutschen Übersetzung Suhrkamp Verlag Frankfurt am Main 2008

GW   Cees Nooteboom, *Gesammelte Werke*, Band 1-9, herausgegeben von Susanne Schaber
Band 6: Auf Reisen 3. Afrika, Asien, Amerika, Australien. Aus dem Niederländischen von Helga van Beuningen und Andreas Ecke, Frankfurt am Main 2004
Band 7: Auf Reisen 4. Aus dem Niederländischen von Helga van Beuningen, Andreas Ecke und Rosemarie Still, Frankfurt am Main 2005

Inhalt

Am Rande der Sahara 9
Dahinter hört die Welt auf ... 27
   Freitags reitet der Sultan aus 27
   Die gespaltene Stadt. Casablanca:
      Zwischen Place de France und Medina 34
   Marrakesch: Schlüssel zum Atlas und
      zur Sahara 41
   Fremdling in Nordafrika 50
   Durch den Atlas in die Sahara 56
   Dahinter hört die Welt auf ... 71
Lady Wright und Sir Jawara, eine Schiffsreise
   auf dem Gambia 80
Die Stille ist stiller als still 118
   Ach ja, Palmen 118
   Fakha, Leffa, Attarine 121
   Die große Moschee 125
   Oder nicht mal das 130
   Eine Nacht in Tunesien 134
   Nefta, die letzte Oase 139
   Abend in der Stadt 143
   Scheherazade 146
   Wind und Regen 149
Mondland Mali 153
Der maßlose Kontinent 207
   I. Madagaskar 207

II. Stellenbosch 208
III. Kap Agulhas 212
IV. Elim 215
V. Sevilla Trail 218
VI. Matjiesfontein 221
VII. Oudtshoorn 226
VIII. Mauritius 230
IX. Réunion 234

Quellennachweise 238

Mit Cees Nooteboom
um die Welt

Die besten Reisegeschichten

Auf der anderen Wange der Erde. Reisen in den Amerikas. Aus dem Niederländischen von Helga van Beuningen und Andreas Ecke. Herausgegeben von Susanne Schaber. st 3995. 300 Seiten

Eine Karte so groß wie der Kontinent. Reisen in Europa. Aus dem Niederländischen von Helga van Beuningen und Rosemarie Still. Herausgegeben von Susanne Schaber. st 3994. 291 Seiten

Geflüster auf Seide gemalt. Reisen in Asien. Aus dem Niederländischen von Helga van Beuningen. Herausgegeben von Susanne Schaber. st 3997. 288 Seiten

In der langsamsten Uhr der Welt. Reisen in Afrika. Aus dem Niederländischen von Helga van Beuningen und Rosemarie Still. Herausgegeben von Susanne Schaber. st 3996. 242 Seiten

Leere umkreist von Land. Reisen in Australien. Aus dem Niederländischen von Helga van Beuningen. Herausgegeben von Susanne Schaber. st 3993. 179 Seiten

Cees Nooteboom
im Suhrkamp Verlag

Gesammelte Werke. Alle Bände einzeln lieferbar. Gebunden
- Band 1: Gedichte. Übersetzt von Ard Posthuma und Helga van Beuningen. Herausgegeben von Susanne Schaber. 418 Seiten
- Band 2: Romane und Erzählungen 1. Übersetzt von Helga van Beuningen und Hans Herrfurth. 660 Seiten
- Band 3: Romane und Erzählungen 2. Übersetzt von Helga van Beuningen und Rosemarie Still. 601 Seiten
- Band 4: Auf Reisen 1. Von hier nach dort: Niederlande – Spanien. Übersetzt von Helga van Beuningen. Herausgegeben von Susanne Schaber. 605 Seiten
- Band 5: Auf Reisen 2. Europäische Reisen. Übersetzt von Helga van Beuningen und Rosemarie Still. Herausgegeben von Susanne Schaber. 607 Seiten
- Band 6: Auf Reisen 3. Afrika, Asien, Amerika, Australien. Übersetzt von Helga van Beuningen und Andreas Ecke. Herausgegeben von Susanne Schaber. 931 Seiten
- Band 7: Auf Reisen 4. Übersetzt von Helga van Beuningen, Andreas Ecke und Rosemarie Still. Herausgegeben von Susanne Schaber. 747 Seiten
- Band 8: Feuilletons. Übersetzt von Helga van Beuningen u.a. Herausgegeben von Susanne Schaber.
- Band 9: Poesie und Prosa 2005-2007. Übersetzt von Helga van Beuningen, Andreas Ecke und Ard Posthuma. Herausgegeben von Susanne Schaber. 867 Seiten

Erzählungen und Romane

Allerseelen. Roman. Übersetzt von Helga van Beuningen.
436 Seiten. Gebunden. st 3163. 440 Seiten

Der Buddha hinter dem Bretterzaun. Eine Erzählung.
Übersetzt von Helga van Beuningen. BS 1189. 84 Seiten

Ein Lied von Schein und Sein. Übersetzt von Helga van
Beuningen. BS 1024. 98 Seiten. 111 Seiten. Gebunden. st 2668.
110 Seiten

Die folgende Geschichte. Übersetzt von Helga van Beuningen.
147 Seiten. Gebunden. BS 1141. 146 Seiten. st 2500 und st 3405.
148 Seiten. st 3616. 160 Seiten

In den niederländischen Bergen. Roman. Übersetzt von
Rosemarie Still. 145 Seiten. Gebunden. st 2253. 146 Seiten

Kinderspiele. Erzählung. Übersetzt von Helga van Beuningen.
45 Seiten. Bütten-Broschur

Mokusei! Eine Liebesgeschichte. Übersetzt von Helga van
Beuningen. st 2209. 74 Seiten. st 3722. 80 Seiten

Paradies verloren. Roman. Übersetzt von Helga van Beuningen. Gebunden und st 3808. 156 Seiten

Philip und die anderen. Roman. Übersetzt von Helga van
Beuningen. Mit einem Nachwort von Rüdiger Safranski.
Gebunden und st 3661. 160 Seiten

Der Ritter ist gestorben. Übersetzt von Helga van Beuningen.
Gebunden, BS 1286 und st 3779. 150 Seiten.

Rituale. Roman. Übersetzt von Hans Herrfurth. Gebunden und st 2446. 231 Seiten. st 2862. 232 Seiten. st 3931. Großdruck. 330 Seiten

Roter Regen. Leichte Geschichten. Übersetzt von Helga van Beuningen. Mit Zeichnungen von Jan Vanriet.
239 Seiten. Gebunden

Der verliebte Gefangene. Tropische Erzählungen. Übersetzt von Helga van Beuningen. Gebunden und st 3923. 108 Seiten

Nooteboom, der »Augenmensch«

Berliner Notizen. Übersetzt von Rosemarie Still. Mit Fotos von Simone Sassen. es 1639. 338 Seiten

Die Dame mit dem Einhorn. Europäische Reisen.
302 Seiten. Gebunden. st 3018. 320 Seiten

»Ich hatte tausend Leben und nahm nur eines«. Ein Brevier. Übersetzt von Helga van Beuningen. Herausgegeben von Rüdiger Safranski. 190 Seiten. Gebunden

Der Laut seines Namens. Reisen durch die islamische Welt. Übersetzt von Helga van Beuningen und Rosemarie Still.
st 3668. 230 Seiten

Im Frühling der Tau. Östliche Reisen. Übersetzt von Helga van Beuningen. st 2773. 344 Seiten

Nootebooms Hotel. Übersetzt von Helga van Beuningen. Gebunden und st 3387. 528 Seiten

Die Insel, das Land. Geschichten über Spanien. Übersetzt von Helga van Beuningen. Mit Fotos. 120 Seiten. Gebunden

Paris, Mai 1968. Übersetzt von Helga van Beuningen. Mit Fotos von Eddy Posthuma de Boer. es 2434. 96 Seiten

Selbstbildnis eines Anderen. Träume von der Insel und der Stadt von früher. Übersetzt von Helga van Beuningen. 73 Seiten. Gebunden

Der Umweg nach Santiago. Übersetzt von Helga van Beuningen. Mit Fotos von Simone Sassen. st 2553. 416 Seiten. st 3860. 427 Seiten

Wie wird man Europäer? Übersetzt von Helga van Beuningen. es 1869. 92 Seiten

Mit Cees Nooteboom um die Welt

Auf der anderen Wange der Erde. Reisen in den Amerikas. Übersetzt von Helga van Beuningen und Andreas Ecke. Herausgegeben von Susanne Schaber. st 3995. 300 Seiten

Eine Karte so groß wie der Kontinent. Reisen in Europa. Übersetzt von Helga van Beuningen und Rosemarie Still. Herausgegeben von Susanne Schaber. st 3994. 291 Seiten

Geflüster auf Seide gemalt. Reisen in Asien. Übersetzt von Helga van Beuningen. Herausgegeben von Susanne Schaber. st 3997. 288 Seiten

In der langsamsten Uhr der Welt. Reisen in Afrika. Übersetzt von Helga van Beuningen und Rosemarie Still. Herausgegeben von Susanne Schaber. st 3996. 242 Seiten

Leere umkreist von Land. Reisen in Australien. Aus dem Niederländischen von Helga van Beuningen. Herausgegeben von Susanne Schaber. st 3993. 179 Seiten

Gedichte

Gedichte. Ausgewählt, übersetzt und mit einem Nachwort von Ard Posthuma. 163 Seiten. Gebunden

Das Gesicht des Auges. Het gezicht van het oog. Zweisprachig. Übersetzt von Ard Posthuma. Gebunden und BS. 86 Seiten

So könnte es sein. Zo kon het zijn. Zweisprachig. Übersetzt von Ard Posthuma. 128 Seiten. Gebunden

Über Cees Nooteboom

Der Augenmensch Cees Nooteboom. Herausgegeben von Daan Cartens. st 2360. 300 Seiten

Cees Nooteboom

Allerseelen

Roman
Aus dem Niederländischen von Helga van Beuningen
436 Seiten. Gebunden und st 3163

Arthur Daane, ein Niederländer in Berlin, hat seine Frau und seinen Sohn bei einem tragischen Unglück verloren – und streift nun mit der Filmkamera durch die Großstadt im Schnee, auf der Suche nach Bildern für sein »ewiges Projekt«, seinen Film, und auf der Suche nach Elik, einer jungen Frau.
Hier, in Deutschlands schillernder Metropole, fühlte sich Arthur von neuen Freunden aufgenommen. Mit dem Philosophen Arno Tieck, dem Bildhauer Victor Leven und der Physikerin Zenobia Stein diskutierte er – oft bei ausgedehnten Essen – über die Ereignisse und Umbrüche der neunziger Jahre und über deren metaphysische Dimensionen.
Als Arthur Daane eines Tages die junge Geschichtsstudentin Elik Oranje kennenlernt, bekommt alle Metaphysik plötzlich sehr konkrete Konturen. Elik wird zur Sirene, sie ist eine Frau mit Geheimnissen, auf die Arthur hört, der er folgt, bis nach Madrid, bis zum Ende.

»Ein großer und ausgeruhter, ein europäischer und kosmopolitischer Roman.« *Ulrich Greiner, Die Zeit*

Cees Nooteboom

Die folgende Geschichte

Aus dem Niederländischen von Helga van Beuningen
suhrkamp taschenbuch 2500
148 Seiten

Wieso wacht Hermann Mussert in einem ihm vertrauten Zimmer in Lissabon auf, obwohl er doch in Amsterdam wohnt und sich dort auch am Abend zuvor zum Schlafen niedergelegt hat? Ein spontaner Entschluß zum Aufbrechen in eine andere Gegend kann es nicht gewesen sein, denn dieser Altphilologe ist eher ein Lebensuntüchtiger, ganz seinen griechischen und lateinischen Autoren zugewandter Mensch. Träumt er nur, in Lissabon aufzuwachen? Oder ist sein Gang durch Lissabon eine Reise in der Erinnerung, also eine Reise in der Zeit? Denn immerhin ist dies der Ort einer richtigen Affäre mit einer Kollegin.
Im zweiten Teil der Geschichte bricht Mussert – im Traum? in der Wirklichkeit? – mit sechs anderen Personen zu einer Schiffsreise nach Brasilien auf. Alle Reisenden erzählen von ihrem Leben. Die Geschichte, die Hermann Mussert als letzter erzählt, scheint alle Rätsel zulösen: er gibt ihr den Titel *Die folgende Geschichte*.

Cees Nooteboom

Rituale

Roman
Aus dem Niederländischen von Hans Herrfurth
suhrkamp taschenbuch 2446
231 Seiten

»Ein großer europäischer Schriftsteller. Ein poetischer Roman, in dem die Erotik im Mittelpunkt steht.« So lobte Marcel Reich-Ranicki *Rituale*. »Man sollte ihn lesen, er ist gut«, urteilte die *Süddeutsche Zeitung*, und auch die *Neue Zürcher Zeitung* war lakonisch und prägnant: »Die Qualität von Nootebooms Schreiben ist wahrhaft hinreißend. Nicht nur stimmen seine Figuren und die mit böser Phantasie ausgedachten Geschichten, nicht nur ist seine These klug, bedenkenswert und existentiell beunruhigend, sondern auch sein Stil ist einzigartig intelligent.«
Das Amsterdam der fünfziger, sechziger und siebziger Jahre erscheint hier in der Perspektive von Inni Wintrop. Dieser will Selbstmord begehen in seinem WC, »weil er in seinem Horoskop für ›Het Parool‹ prophezeit hatte, seine Frau werde mit einem anderen durchbrennen, und er, der ja ein Löwe war, würde dann Selbstmord begehen. Es war eine treffende Prophezeiung.« Doch wie der Tod so spielt, der Strick reißt. Mit neuer Aufmerksamkeit beobachtet er die Menschen in ihrer Stadt. Er beobachtet die Rituale, die Hilfskonstruktionen, mit denen sie versuchen, der verrinnenden Zeit, dem Gaukelspiel der Erinnerungen, der persönlichen Geschichte den Anschein des Sinnvollen zu geben.